北大版留学生本科汉语教材

汉语 上册
初级综合教程

Comprehensive Elementary Chinese Course Ⅰ

主　编：王　珏

副主编：高慧宜

编　著：樊小玲

北京大学出版社

PEKING UNIVERSITY PRESS

图书在版编目(CIP)数据

汉语初级综合教程. 上册/王珏主编. —北京:北京大学出版社,2008.6
(北大版留学生本科汉语教材·语言技能系列)
ISBN 978 – 7 – 301 – 13882 – 3

Ⅰ.汉…　Ⅱ.王…　Ⅲ.汉语 – 对外汉语教学 – 教材　Ⅳ.H195.4

中国版本图书馆 CIP 数据核字(2008)第 076102 号

书　　　　名:汉语初级综合教程　上册
著作责任者:王　珏　主编
责 任 编 辑:宋立文(slwwls@126.com)
封 面 设 计:毛　淳
标 准 书 号:ISBN 978 – 7 – 301 – 13882 – 3/H · 2010
出 版 发 行:北京大学出版社
地　　　　址:北京市海淀区成府路 205 号　　100871
网　　　　址:http://www.pup.cn
电　　　　话:邮购部 62752015　发行部 62750672　出版部 62754962　编辑部 62752028
印 刷 者:北京大学印刷厂
经 销 者:新华书店
　　　　　787 毫米×1092 毫米　　　16 开本　　　12 印张　　　190 千字
　　　　　2008 年 6 月第 1 版　　　2008 年 6 月第 1 次印刷
印　　　　数:0001—3000
定　　　　价:42.00 元(含 MP3 盘 1 张)

华东师范大学"985"工程二期国际合作与交流
"汉语和中国文化国际推行计划"建设成果

前言

　　这套教材是华东师范大学一批资深对外汉语教师经过三年含辛茹苦地编写及反复试用、修改才最终得以出版的，其主要对象包括高等学校外国留学生汉语言专业、进修汉语的外国人、海外华人华侨以及国内少数民族学生。

　　与坊间已有多部汉语言专业教材相比，本套教材具有以下三个突出的特点。

一、内容丰富、风格多元

　　著名语言学家、丹麦人奥托·叶斯丕森说，把学习语言的人扔到语言的海洋里，他就会学得快得多！本套教材编者深深服膺叶氏此语，并在两个方面较为忠实地贯彻了这一思想。

　　首先，在国家汉办 2002 年制定的《高等学校外国留学生汉语言专业教学大纲》基础上对语法、词汇、汉字等语言项目适当进行了扩充，扩充比例大体为 5%～15% 之间。我们之所以如此大胆越纲行事，主要是考虑到，与大纲制定之时相比，现在留学生汉语水平有了普遍提高，同时也考虑到留学生普遍反映原有大纲难度不大。

　　其次，文本内容多样，风格多元。本套教材所选文本一律为反映当今汉语发展的内容，并力争涉及最广泛的生活文化等内容，既紧贴多彩的现实生活，又充分尊重传统文化精华，力争做到交际化、趣味化、多样化。如各种体裁的文本均在课本里占有一定比例，而且也不局限于所谓名家、经典，而是广泛吸收各类精彩文章，以便学习者接触各种各样的真实汉语文本。即使一般汉语教材拒收的诗歌，我们也酌量选取。

二、贯彻"结构—功能—文化"教学的理念

本套教材努力贯彻"结构—功能—文化"的先进教学理念，并体现为整体结构以功能为中心辐射全书。具体表现如下：

1. 每册包括若干个功能性单元，即"生活万象""人生感悟""历史文化""科学探秘""中外交流"等。

2. 每个单元紧紧围绕一个功能性中心，安排若干篇课文，每篇课文内容各异、风格不一，从不同角度展示该单元的具体交际、文化功能。

3. 每课围绕一个具体功能，安排以下几个方面的内容：课文及其注释、生词、语言点解析、练习和副课文等。

三、编写原则新颖

本套教材力争在以下原则上有新颖之处：

1. 词汇大纲、语法大纲、功能大纲以《高等学校外国留学生汉语言专业教学大纲》中的词汇表、语法项目表和功能项目表为依据，并按一定比例有所扩展。

2. 汉字以《高等学校外国留学生汉语言专业教学大纲》中规定的汉字教学项目为依据。在总体设计上，采取词汇教学与汉字教学大同步、小异步的原则，由易到难、由简到繁，注意区别汉字文化圈的学习者和非汉字文化圈的学习者在认知上的异同，分别在编排方式、顺序安排、教学要求、教学方法诸方面均各有侧重。

3. 根据学生汉语整体水平不断提高的实际情况，本着"以人为本"的教育价值观，也为了能充分反映时代特点，对大纲作适当调整和补充。

面对本教材容量大、文本形式多样等特点，教师在使用本教材时，应在教学方法上多予以注意。

1. 明确对外汉语教学与母语文教学之间的不同，做到既重视语言基本功的训练又注重言语交际能力的培养。注意精讲多练，方法多样，认真贯彻语言教学的实践性、交际性要求，正确处理好听、说、读、写的能力之间的合

理关系。

2. 尽量使用汉语授课，强化学生的语感，并安排较大数量、较多形式的汉语交际实习活动与社会实践活动，如根据教学中的具体内容组织学生参观、访问、进行社会调查等，课堂内多安排不同形式的分组模拟性语言交际活动。

3. 充分利用网络资源、多媒体教学条件，制作一些相应的课件，增强学生对汉语的视听感受，帮助学生加深对教材的理解。有条件的还可以编写适量的网上练习，加强学生与真实社会和虚拟社会之间的互动与交流。

4. 注意介绍中华民族的传统文化，帮助学生了解汉语里的中国，但要注意不同民族之间的文化价值观的异同，做到有的放矢。注意学生对汉语、汉文化的可接受性，采用启发式、讨论式、实践式相结合的教学方法，积极调动学生的学习积极性和创造能力。

最后，编写组全体同仁热忱欢迎本套教材的使用者提出建议和批评，让我们一起努力，使她臻于完善，成为您学习汉语的最好帮手和知心朋友。

编　者

目录

第一单元

语音篇

第一课　汉语的声母

一、声母表

b	p	m	f	d	t	n	l
g	k	h	j	q	x		
z	c	s	zh	ch	sh	r	

二、p、t、k 和 b、d、g

辨音练习1：

bàopò　pǎo bù
爆破——跑 步

dùzǐ　tùzi
肚子——兔子

bìbìng　bèidòng
弊病——被动

páiqiú　péibàn
排球——陪伴

dìduàn　dǎibǔ
地段——逮捕

tiáotíng　tóudì
调停——投递

gòngtóng　guìtái
共同——柜台

kuíhuā　kuìzèng
葵花——馈赠

辨音练习2：

Bā bǎi biāobīng bèn běi pō, biāobīng běibiān bìngpái pǎo, pàobīng pà bǎ biāobīng pèng,
八百 标兵 奔北坡，标兵 北边 并排跑，炮兵 怕把 标兵 碰，

biāobīng pà pèng pàobīng pào.
标兵 怕碰 炮兵炮。

三、f 和 h

辨音练习 1：

fú hào　　fánhuá
符号——繁华

fǎnhuí　　fǎngfú
返回——仿佛

fēngfù　　fūfù
丰富——夫妇

huānhū　　Huáng Hé
欢呼——黄河

hé fǎ　　héhuā
合法——荷花

辨音练习 2：

Fāng Xiǎofāng, huà fènghuáng,
方小方，画凤凰，

fènghuáng huà zài hóng zhǐ shang.
凤凰画在红纸上。

Huáng fènghuáng, huā fènghuáng,
黄凤凰，花凤凰，

yuè huà yuè xiàng huó fènghuáng.
越画越像活凤凰。

四、z、c、s 和 zh、ch、sh

辨音练习 1：

zázhì　　shūcài
杂志——蔬菜

sùshè　　chuàngzào
宿舍——创造

shēngcí　　chūzūchē
生词——出租车

zhīshi　　zīshì
知识——姿势

zīyuán　　zhìyuàn
资源——志愿

zǒngzhī　　zhǒngzi
总之——种子

tuīcí　　tuīchí
推辞——推迟

duǒcáng　　duō cháng
躲藏——多长

辨音练习 2：

Sì shì sì, shí shì shí.
四是四，十是十。

Shísì shì shísì, sìshí shì sìshí.
十四是十四，四十是四十。

Sìshí bú shì shísì, shísì yě bú shì sìshí.
四十不是十四，十四也不是四十。

Bié bǎ sìshí dàng shísì, yě bié bǎ shísì dàng sìshí.
别 把 四十 当 十四,也 别 把 十四 当 四十。

辨音练习 3:

Chìlèchuān
敕勒川

Chìlèchuān, Yīn Shān xià,
敕勒川,阴 山 下,

Tiān sì qiónglú, lǒnggài sì yě.
天 似 穹庐,笼盖 四 野。

Tiān cāngcāng, yě mángmáng,
天 苍苍,野 茫 茫,

Fēng chuī cǎo dī xiàn niú yáng.
风 吹 草 低 见 牛 羊。

五、j、q 和 x

辨音练习 1:

chuánjiǎng	chuánzhǎng	juān kuǎn	zhuānkuǎn	jiāodài	zhāodài
船桨 ——	船长	捐 款 ——	专款	交代 ——	招待

juéjiāo	juézhāo	qiáo shang	cháo shàng	xìng Zhāng	xìng Jiāng
绝交 ——	绝招	桥 上 ——	朝 上	姓 张 ——	姓 江

xùmù	shūmù	fāxiè	fāshè	xīwàng	shīwàng
畜牧 ——	书目	发泄	发射	希望 ——	失望

Xīfāng	sìfāng	jiànquán	xiànjīn	qīpàn	qúdào
西方 ——	四方	健全 ——	现今	期盼 ——	渠道

辨音练习 2:

Shàonián bù shí chóu zīwèi,
少 年 不 识 愁 滋味,

ài shàng céng lóu, ài shàng céng lóu,
爱上 层 楼,爱上 层 楼,

wèi fù xīn cí qiǎng shuō chóu.
为 赋 新 词 强 说 愁。

Ér jīn shíjìn chóu zīwèi,
而今 识 尽 愁 滋味,

yù shuō huán xiū, yù shuō huán xiū,
欲 说 还 休,欲 说 还 休,

què dào "tiān liáng hǎo gè qiū"!
却 道 "天 凉 好 个 秋"!

六、r、n 和 l

辨音练习 1:

ruǎnxí	nuǎn xí		wēnruǎn	wēnnuǎn		rère	lèle
软席 ——	暖 席		温软 ——	温暖		热热 ——	乐乐

ruǎnjiàn	luànjiàn		Nánníng	lánlǐng		láolù	nǎonù
软件 ——	乱箭		南宁 ——	蓝领		劳碌 ——	恼怒

lánlǚ	nánnǚ		wúnài	wúlài
褴褛 ——	男女		无奈 ——	无赖

辨音练习 2:

Lánhuācǎo
兰花草

Wǒ cóng shān zhōng lái, dàilái lánhuācǎo.
我 从 山 中 来,带来 兰花草。

Zhǒngzài xiǎoyuán zhōng, xī wàng huā kāi zǎo.
种 在 小 园 中,希望 花 开 早。

Yí rì kàn sān huí, kàn de huā shí guò.
一日 看 三 回,看 得 花 时 过。

Jíhuài zhòng huā rén, bāo yě wú yí gè.
急坏 种 花 人,苞 也 无 一 个。

（原作：胡适，略有修改）

练习

一、读一读

bǎobèi	bābǎi	běibiān	bàba
1. 宝贝	八百	北边	爸爸

    dádào   děngdài   dìdiǎn   dìdi

2. 达到   等待   地点   弟弟

    gōnggòng   gǎigé   guǎnggào   gēge

3. 公共   改革   广告   哥哥

    pīnpán   pípá   pīpíng   pópo

4. 拼盘   琵琶   批评   婆婆

    téngtòng   tái tóu   tàntǎo   tàitai

5. 疼痛   抬头   探讨   太太

    kěkào   kuānkuò   kèkǔ   kāngkǎi

6. 可靠   宽阔   刻苦   慷慨

    pīngpāngqiú   kāi fāpiào   tiāo máobìng   bōlanggǔ

7. 乒乓球   开发票   挑 毛病   拨浪鼓

    tūntūntǔtǔ   píng tóu lùn zú   kěkǒu kělè   kuākuā qí tán

8. 吞吞吐吐   评头论足   可口可乐   夸夸其谈

    zhǐnánzhēn   zhōngshānzhuāng   zhīzhūwǎng   chǎngpéngchē

9. 指南针   中 山 装   蜘蛛网   敞 篷车

    jī shǎo chéng duō   jí zhōng shēng zhì zhānzhān zì xǐ chuòchuò yǒu yú

10. 积少成多   急中生智   沾沾自喜   绰绰有余

    Zhī jǐ zhī bǐ，bǎi zhàn bú dài.

11. 知己知彼，百战不殆。

    Shì shàng wú nán shì， zhǐ pà yǒu xīn rén.

12. 世上无难事，只怕有心人。

二、读一读，选择正确的拼音填空

1. Wǒ èzhe _____ zhǎo _____ .（tùzi、dùzi）

2. Xiǎopíng chī _____ le jiù _____ le.（bǎo、pǎo）

3. Nǐ bǎ _____ ná chuqu yìdiǎnr.（tǎnzi、dàn）

4. Nǚ de shì _____ , nán de shì _____ .（bóbo、pópo）

5. Zhè shì yí zuò _____ xīn de _____ lóufáng.（sì chéng、sì céng）

6. Nà ge _____ zěnme zuòle rénjiā de _____ mìshū?（shīrén、sīrén）

7. Zhème dà de _____ shuí lái _____ ?（zhǎngguǎn、chǎngguǎn）

8. Zhè ge _____ tā xiěle _____ .（"wǔ" zì、wǔ cì）

三、读一读，注意发音的不同

    huóhuǒshān   Huófó Shān   fǎnfù wúcháng   fènfā túqiáng

    活火山 —— 活佛 山   反复 无常 —— 奋发 图强

sōují   shǒujī   shísì   sìshí
搜集——手机   十四——四十

Bié shuō fèihuà le，wǒmen zuò huìhuà liànxí ba.
别 说 废话 了，我们 做 会话 练习 吧。

Bié zuò duìhuà le，wǒ men zuò huìhuà liàn xí ba.
别 做 对话 了，我 们 做 绘画 练习 吧。

Tā qù lǐhuàguǎn xuéxí.
她 去 理化馆 学习。

Tā qù lǐfàguǎn shíxí.
他 去 理发馆 实习。

四、读诗歌，注意每个字的声母

Cǎi Sāng Gē
采 桑 歌

Chūn rì qǐ měi zǎo，cǎi sāng jīng tí niǎo.
春 日 起 每 早，采 桑 惊 啼 鸟。

Fēng guò pū bí xiāng，huā luò zhī duōshǎo.
风 过 扑 鼻 香，花 落 知 多 少。

Zǎoméi Shī
早梅 诗

Dōngfēng pò zǎoméi，xiàng nuǎn yì zhī kāi.
东 风 破 早梅，向 暖 一 枝 开。

Bīngxuě wú rén jiàn，chūn cóng tiānshàng lái.
冰雪 无 人 见，春 从 天 上 来。

第二课　汉语的韵母

一、韵母表

a	o	e	i	u	ü	-i [ʅ]	-i [ʅ]
ai	ei	ao	ou	ua	uo		
ia	ie	iao	i(o)u				
uai	u(e)i	üe	er				
an	en	uan	u(e)n	ian	in	üan	ün
ang	eng	uang	ueng	iang	ing	ong	iong

二、单元音韵母

a o e i u ü -i [ʅ] -i [ʅ] er

辨音练习：

róngyù　　róngyì
荣誉——容易

Huòdé róngyù bù róngyì
获得 荣誉 不 容易。

yúmín　　yímín
渔民——移民

Nà ge yúmín yímín le.
那个 渔民 移民 了。

fúwù   fùyù
服务——富裕

Zhè jiā gōngsī wèi fùyù de rén fúwù.
这 家 公司 为 富裕的 人 服务。

míngyì   míngyù
名义——名誉

Shèjí tārén de míngyì、míngyù, yīngdāng bǎomì.
涉及 他人的 名义、名誉，应 当 保密。

三、复元音韵母

ai ei ao ou iao iou uai uei ia ie ua uo üe

辨音练习：

zāipéi   bàochóu   pēitāi   hòudao   shuāituì   piāoliú   huǐhuài   yóupiào
栽培—— 报酬　　胚胎—— 厚道　　衰退 —— 漂流　　毁坏 —— 邮票

四、辅音尾韵母

an ian uan üan en in uen ün ang iang uang eng ing
ueng ong iong

辨音练习1：

bànqiú   bàngqiú
半球—— 棒球

Wǒ zài běi bànqiú dǎ bàngqiú.
我 在 北 半球 打 棒球。

qiánbāo   qiángdào
钱包 —— 强盗

Qiángdào qiǎngle qiánbāo.
强盗 抢了 钱包。

qīnshēn　　qīngshēng
亲身——轻声

Nǐ yào qīnshēn tǐhuì qīngshēng zěnme dú.
你要亲身体会轻声怎么读。

rénmín　　rènmìng
人民——任命

Rénmín rènmìng tā wéi shìzhǎng.
人民任命他为市长。

jīngjì　　jīngjù
经济——京剧

Wǒ xuéxí jīngjì, tā xuéxí jīngjù.
我学习经济,他学习京剧。

辨音练习2:

Jìng yè sī
静夜思

Chuángqián míngyuè guāng, yí shì dì shàng shuāng.
床前明月光,疑是地上霜。

Jǔ tóu wàng míngyuè, dī tóu sī gùxiāng.
举头望明月,低头思故乡。

练习

一、读一读，选择正确的拼音填空

1. ＿＿＿＿de qíngkuàng shì nǐ cǎile yì tiáo ＿＿＿＿.

（zhēn shé、zhēnshí）

2. Wǒ tīngshuō jīntiān ＿＿＿＿ yào ＿＿＿＿.　　　　（xiàwǔ、xià yǔ）

3. Tā ＿＿＿＿ shuòshì, shì ＿＿＿＿.　　　　（bóshì、bú shì）

4. Nà ge ＿＿＿＿ wúfǎ ＿＿＿＿ érnǚ qīnqíng.　　（gēshǒu、gēshě）

5. Wǒ mǎi ＿＿＿＿, tā tīng ＿＿＿＿.　　　　　　　（gē、guō）

6. Nǐ zài wàimian yào _____, bú yào ràng jiārén _____。

（dānxīn、dāngxīn）

7. Tā _____ bù xǐhuan _____, xiànzài chángcháng cún qián.

（cóngqián、cún qián）

8. Tāmen _____ jiéchéng le _____.（liánméng、liánmáng）

二、读一读，注意韵母的不同

hégé   tèsè
合格——特色

gǔwǔ   shūfu
鼓舞——舒服

yǔjù   nǚxu
雨具——女婿

zìsī   sì cì
自私——四次

huǐhuài   guǐguài
毁坏——鬼怪

guāguǒ   huǒhuā
瓜果——火花

xiàoyǒu   jiāoliú
校友——交流

quèqiè   jiějué
确切——解决

bǎohùsè   jīnzìtǎ   báixuèqiú   Máotái Jiǔ
保护色   金字塔   白血球   茅台酒

shǒu qū yì zhǐ   shì wú jù xì   yōuróu guǎduàn   zhōngxīn gěnggěng
首 屈 一 指   事 无 巨 细   优柔 寡断   忠心   耿耿

三、读一读，找出韵母的区别

Xiǎo Liú   Xiǎo Niú
小 刘——小 牛

nèixīn   nàixīn
内心——耐心

yōuxiù   yōujiǔ
优秀——悠久

jiéyuē   jiějué
节约——解决

jídù   zhìdù
嫉妒——制度

shīshēng   sīshēng
师生——私生

rénmíng   rénmín
人名——人民

四、读诗歌，注意每个字的韵母

Tài píng Gē
太 平 歌

Zǐyè jiǔ nán míng, xǐ bào dōngfāng liàng.
子夜 久 难 明，喜报 东 方 亮。

Cǐ rì shēnggē sòng tàipíng, zhòng kǒu qí huānchàng.
此日 笙歌 诵 太平，众 口 齐 欢唱。

Bǔ yú Gē
捕鱼歌

Rén yuǎn jiāng kōng yè, làng zhuó yì zhōu qīng.
人 远 江 空 夜,浪 浊 一 舟 轻。

Wǎng zhào bō xīn yuè, zǎo chuān shuǐmiàn yún.
网 罩 波 心 月,早 穿 水 面 云。

Ér yǒng ēiyō diào lǔ hè ài'ā shēng.
儿 咏 诶唷 调,橹 和 嗳啊 声。

Yúxiā liú wèng nèi, kuàihuó sì chūn shí.
鱼 虾 留 瓮 内,快 活 四 春 时。

第三课　汉语的声调

一、汉语的声调

<ruby>阴平<rt>yīnpíng</rt></ruby>（第一声）	<ruby>阳平<rt>yángpíng</rt></ruby>（第二声）	<ruby>上声<rt>shǎngshēng</rt></ruby>（第三声）	<ruby>去声<rt>qùshēng</rt></ruby>（第四声）
mā	má	mǎ	mà

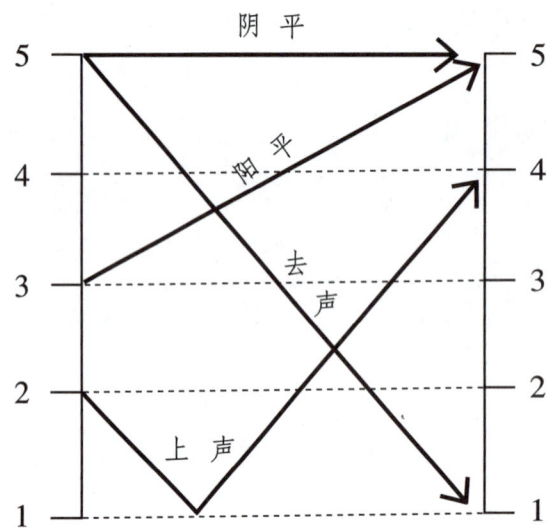

辨调练习：

1. 巴——拔——把——爸　　妈——麻——马——骂
　　bā　 bá　 bǎ　 bà　　 mā　 má　 mǎ　 mà

　　方——房——纺——放　　灰——回——悔——会
　　fāng　fáng　fǎng　fàng　 huī　 huí　 huǐ　 huì

　　居——桔——举——巨　　香——翔——想——象
　　jū　 jú　 jǔ　 jù　　 xiāng　xiáng　xiǎng　xiàng

2. měi   qīng   lǜ   míng   zhī   kū   pò   qiē
    美——青——绿——名   汁——哭——破——切

     jī   qǔ   niē   yuè   lín   rè   xué   fǔ
    机——取——捏——月   林——热——学——府

3.
Jiāngnán	làngfèi	lǎngdú	gémìng	jiānjué
江南	浪费	朗读	革命	坚决
guǎngbō	Běihǎi	zìzhuàn	èrbǎi	xiǎngxiàng
广播	北海	自传	二百	想象
tiǎozhàn	chēchǎng	píngděng	jiùzāi	dádào
挑战	车场	平等	救灾	达到

二、变调

1. 上声的变调

（1）上声 + 阴平

hǎo shū	huǒchē	lǎoshī	xiǎoshuō	shǒuxiān	zhǐhuī	jǐnzhāng
好书	火车	老师	小说	首先	指挥	紧张
pǔtōng	zhǔguān	běnshēn	yǎnguāng	wǔzhuāng	fǎngzhī	Liǔzhōu
普通	主观	本身	眼光	武装	纺织	柳州

（2）上声 + 阳平

zǔguó	lǎngdú	jǐhé	yǔyán	gǔchuán	měirén	lǚxíng
祖国	朗读	几何	语言	古船	美人	旅行
yǐqián	nǚrén	gǎnqíng	xiǎoshí	wěiyuán	fǎngfú	běnlái
以前	女人	感情	小时	委员	仿佛	本来

（3）上声 + 去声

tǎolùn	gǎnxiè	gǎndòng	qǐng jià	měishù	mǎshàng	biǎoshì
讨论	感谢	感动	请假	美术	马上	表示
zhǔrèn	bǎozhèng	zhǎngwò	gǒnggù	fǎnyìng	tǔdì	zhěngdùn
主任	保证	掌握	巩固	反映	土地	整顿

（4）上声 + 上声

chǔlǐ	měihǎo	xǐ zǎo	biǎoyǎn	jiǎngjiě	yǐngxiǎng	shěnměi
处理	美好	洗澡	表演	讲解	影响	审美

yǎnjiǎng	lǐngdǎo	suǒyǐ	fěnbǐ	guǎnlǐ	cǎiqǔ	lǎobǎn
演讲	领导	所以	粉笔	管理	采取	老板

2. "一"和"不"的变调

(1)"一"和"不"在阴平、阳平和上声前面读去声

yì zhāng　　yìbiān
一 张　　一边

yìyántáng　　yìpǐnhóng
一言堂　　一品红

yì sī bù gǒu　　yì zhāo yì xī　　yì yīdài shuǐ
一丝不苟　　一朝一夕　　一衣带水

bù shuō　　bù duō
不说　　不多

bù xiānggān　　bù zháojí
不相干　　不着急

bù duō bù shǎo　　bù wén bú wèn
不多不少　　不闻不问

(2)"一"和"不"在去声前面读阳平

yídào　　yíbàn　　yídìng
一道　　一半　　一定

yíbèizi　　yíxìliè
一辈子　　一系列

yí jì zhī cháng　　yí nuò qiān jīn　　yí qiào bù tōng　　yí shì tóng rén
一技之长　　一诺千金　　一窍不通　　一视同仁

búbiàn　　búbì　　búlì
不便　　不必　　不利

búyàojǐn　　búxiànghuà
不要紧　　不像话

(3)"一"和"不"在词语的中间读轻声

kàn yi kàn　　shuō yi shuō　　xíng bu xíng　　chà bu duō
看一看　　说一说　　行不行　　差不多

三、轻声

zhuōzi	tā de	xīnsi	shāngliang	duōsuo	qīnqi
桌子	他的	心思	商量	哆嗦	亲戚

chóngzi	nín de	cháihuo	néngnai	máli	háma
虫子	您 的	柴火	能耐	麻利	蛤蟆
wǒ de	jiějie	ěrduo	mǎhu	fǔzi	zhǔfu
我 的	姐姐	耳朵	马虎	斧子	嘱咐
xià de	dèngzi	lǜ de	dàifu	lìliang	xiùcai
吓 得	凳子	绿的	大夫	力量	秀才

练习

一、读一读，注意声调的变化

xuānchuán	yōuliáng	huānyíng	Zhōnghuá	kēxué
宣传	优良	欢迎	中华	科学
láibīn	chónggāo	huí jiā	lántiān	píng'ān
来宾	崇高	回家	蓝天	平安
zhǐbiāo	jiěshuō	pǔtōng	yǔyī	shǎngshēng
指标	解说	普通	雨衣	上声
guǒyuán	gǎigé	tǎnbái	yuǎnyáng	kǒucái
果园	改革	坦白	远洋	口才
gǎojiàn	qǐng jià	tǒngzhì	lǐlùn	kǔnàn
稿件	请假	统治	理论	苦难
wèntí	dìtú	pèihé	diàochá	miànqián
问题	地图	配合	调查	面前
Hànyǔ	yuèlǎn	huànxiǎng	mòxiě	xià xuě
汉语	阅览	幻想	默写	下雪

二、读一读，注意声调的区别

xīnyì	xìnyì		xiànyú	xiānyú		jiājié	jiǎjiè
新意——信义			限于——鲜鱼			佳节——假借	
zhěngjié	zhèngjiè		yuānyang	yuǎnyáng		zhīdao	zhǐdǎo
整洁——政界			鸳鸯——远洋			知道——指导	
zhǎnlǎn	zhànlán		chóngféng	chōngfēng		héxīn	hèxìn
展览——湛蓝			重逢——冲锋			核心——贺信	

三、填写"一"或"不"的变调

　　Xīngqīyī ____ dà zǎo, wǒ jiù kànwánle ____ běn shū.
1. 星期一 一 大早，我 就 看完了 一 本 书。

　　Nǐ yào ____ lái, wǒ yě ____ qù, xìn ____ xìn yóu nǐ.
2. 你 要 不 来，我 也 不 去，信 不 信 由 你。

　　Nǐ ____ zǒu, tā jiù gěile wǒ ____ zhāng jīngdiǎn de CD.
3. 你 一 走，他 就 给 了 我 一 张 经典 的 CD。

　　____ liǎojiě qíngkuàng jiù ____ yào luànshuō, gèng ____ yīnggāi suíbiàn xià jiélùn.
4. 不 了解 情 况 就 不 要 乱 说，更 不 应该 随便 下 结论。

　　wǒ ____ xiǎng qù, kěshì ____ néng ____ qù.
5. 我 不 想 去，可是 不 能 不 去。

第二单元
校园情怀篇

第四课　我家的旧照片

一

　　我家的相册有几大本，相册里面有很多旧照片。我们一家人常常坐在一起看旧照片。来看看我家的照片吧：

　　这张照片上一共有四个人：爸爸、妈妈、弟弟和我。那时候妈妈很年轻，也很漂亮，丈夫和孩子在她的身旁，她很幸福。我的爸爸是飞行员，非常帅。妈妈旁边的小女孩儿是我，那时候我五岁。我旁边的小男孩儿是我的弟弟，那时候他三岁。

　　现在我三十岁，是医生。弟弟今年二十八岁，是北京大学的老师，教中国学生学习英语。星期天我和弟弟常常回家看爸爸和妈妈。

　　现在我也有自己的孩子了，我也给他看我家的旧照片，看小时候的妈妈。

二

玛丽：你家在哪儿？

杰克：我家在美国。

玛丽：你家一共有几个人？

杰克：我家一共有四个人：爸爸、妈妈、姐姐和我。

生词

1. 相册	xiàngcè	[名]	album
2. 里面	lǐmian	[名]	inside
3. 多	duō	[形]	many, much
4. 旧	jiù	[形]	old
5. 照片	zhàopiàn	[名]	photo
6. 常常	chángcháng	[副]	often
7. 坐	zuò	[动]	to sit
8. 在	zài	[动]	at, in
9. 一起	yìqǐ	[副]	together
10. 看	kàn	[动]	to look
11. 张	zhāng	[量]	a measure word
12. 一共	yígòng	[副]	altogether
13. 时候	shíhou	[名]	when
14. 年轻	niánqīng	[形]	young
15. 漂亮	piàoliang	[形]	pretty
16. 丈夫	zhàngfu	[名]	husband

17. 和	hé	[连]	and
18. 孩子	háizi	[名]	child
19. 身	shēn	[名]	body
20. 幸福	xìngfú	[形]	happy
21. 飞行员	fēixíngyuán	[名]	airman
22. 帅	shuài	[形]	handsome
23. 女孩儿	nǚháir	[名]	girl
24. 旁边	pángbiān	[名]	beside
25. 男孩儿	nánháir	[名]	boy
26. 现在	xiànzài	[名]	now
27. 医生	yīshēng	[名]	docter
28. 教	jiāo	[动]	to teach
29. 自己	zìjǐ	[代]	oneself

专名

1. 北京大学　Běijīng Dàxué　Peking University
2. 中国　Zhōngguó　China
3. 美国　Měiguó　United States

语言点

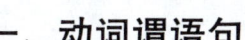

一、动词谓语句

动词谓语句是谓语由动词充当的句子。一般结构是：主语 + 动词 + 宾语。例如：

（1）我们常常坐在一起看旧照片。

（2）爸爸妈妈很喜欢我。

（3）他喜欢旅行。

（4）我知道她妈妈很漂亮。

否定式结构是：主语＋不（／没）＋动词＋宾语。例如：

（1）我不喝酒。

（2）我不喜欢他。

（3）老师不喜欢唱歌。

（4）我没打算去北京大学学习。

二、"是"字句

动词"是"作谓语的句子叫"是"字句。

1. 表示同一或类属，说明人的身份、国籍，或事物是什么性质等。肯定句结构是：A 是 B。例如：

（1）王老师是我们的英语老师。

（2）他是中国人。

（3）我的爸爸是银行职员。

（4）这是妈妈的房间。

否定句结构是在"是"前面加"不"。例如：

（1）他不是中国人。

（2）我的妈妈不是医生。

（3）那个小男孩儿不是我弟弟。

2. 表示人或事物在什么地方。肯定句结构也是：A 是 B。例如：

（1）我旁边是我的弟弟。

（2）书店的左边是中国银行。

否定句结构也是在"是"前面加"不"。例如：

（1）妈妈的旁边不是弟弟。

（2）我家的前面不是学校。

三、"有"字句及其否定形式

用"有"作谓语的句子叫"有"字句，表示领有或者存在。肯定句结构是：A＋有＋（数量词＋）B。例如：

（1）我有一个弟弟。
（2）我家的相册有很多旧照片。
（3）中国四川省有大熊猫。
（4）校园里有两条漂亮的小河。

否定句结构一般是：A＋没（有）＋B。例如：

（1）她没有妹妹。
（2）我没自行车。
（3）桌子上没有书。
（4）房间里没有椅子。

四、"在"字句

"在"字句表示人或事物在什么地方。"在"前的名词性词语是已知的，"在"后的名词是存在的场所或方位。肯定句结构是：人或事物代词或名词性词语＋在＋处所或方位词语。例如：

（1）丈夫和孩子在她的身旁。
（2）妈妈在家里。
（3）我的照片在房间里。
（4）先生，您在什么地方？
（5）学生食堂在东边儿。

否定句结构是：人或事物代词或名词性词语＋不在＋处所或方位词语。
例如：

（1）书不在桌子上。

（2）弟弟不在家。

（3）长城不在中国南方，而是在北方。

练习

一、根据课文内容判断下列句子是否正确

1. 我家的旧照片上一共有四个人：爸爸、妈妈、妹妹和我。　　（　　）

2. 我的爸爸是飞行员。　　（　　）

3. 我是妈妈的第二个孩子。　　（　　）

4. 现在我三十四岁，是医生。　　（　　）

5. 弟弟今年二十八岁，是清华大学的老师。　　（　　）

二、根据课文内容连线

我　　　　　　　　　　　　　　　　　　老师

我的爸爸　　　　　　　是　　　　　　　医生

我的弟弟　　　　　　　　　　　　　　　飞行员

三、根据课文内容填空

1. 我家的旧照片上一共_____四个人。

2. 旧照片上，妈妈_____我的旁边。

3. 我的弟弟_____北京大学当老师。

4. 现在我也_____自己的孩子了。

四、读读写写

回家	回国	教汉语	教英语	教口语	去年
今年	明年	旧照片	旧书	旧报纸	看书
看报	看电影	漂亮男孩儿	漂亮女孩儿		

五、选择适当的词语填空

有 在 是

1. 我家_____两个房间，一个_____我的房间，一个是爸爸妈妈的房间。

2. 我_____华东师范（Huádōng Shīfàn）大学学习汉语，教室外面_____一个运动场。

3. 我每天早上_____宿舍外面读书。

4. 这_____我的老师，我的老师姓王，叫王方。

一起 一共 都

1. 弟弟、妹妹和我_____是英国人。

2. 我和中国朋友_____学习汉语。

3. 我要买一本书，还要买两支笔，_____多少钱？

4. 昨天下午我_____学了五个小时汉语。

5. 我和我的同学_____是留学生。

6. 我没有姐姐，我的老师也没有姐姐，我们_____没有姐姐。

7. 明天你有空吗？我们_____去图书馆练习写汉字吧！

都是 不都是 都不是

1. 我是中学生，妹妹也是中学生，我们_____中学生。

2. 他是法国人，她是美国人，他们_____中国人。

3. 我们班_____美国人，还有法国人、德国人和英国人等等。

六、选择正确的一项

1. A. 我家有一共四个人。
   B. 我家一共有四个人。
   C. 一共我家有四个人。

2. A. 你是不是中国人吗？
   B. 你是中国人不是吗？
   C. 你是中国人吗？

3. A. 他们都是医生。
   B. 都他们是医生。
   C. 他们是医生都。

4. A. 他是学生，我都是学生。
   B. 他是学生，我是学生也。
   C. 他是学生，我也是学生。

5. A. 我没喜欢唱歌。
   B. 我不喜欢唱歌。
   C. 我喜欢不唱歌。

七、选择合适的位置

1. 爸爸妈妈 A 喜欢 B 我 C。（非常）
2. 妈妈 A 很年轻，B 很漂亮 C。（也）
3. 我们一家人 A 常常坐在 B 看旧照片 C。（一起）
4. 我家有五个人：爷爷、A 奶奶、B 爸爸、C 妈妈 D 我。（和）
5. 爸爸 A 喜欢 B 吸烟 C。（不）

八、表达练习

请给大家介绍一张你喜欢的照片。

副课文

我和我的朋友

大家好，我叫玛丽。我是英国人，是大学三年级的学生，来中国学习汉语。我觉得英语不难，汉语很难。这是我的男朋友，也是英国人。他是公司职员，在中国工作。这两位是我的同学，也是我的好朋友，一个是法国人，一个是韩国人。我们今天晚上一起去吃中国菜。我们都喜欢吃中国菜。中国菜油很大，但是很好吃。现在我很胖，因为常常吃中国菜。

生词

1. 男朋友	nánpéngyou	[名]	boyfriend
2. 公司	gōngsī	[名]	company
3. 职员	zhíyuán	[名]	office worker
4. 菜	cài	[名]	dish
5. 油	yóu	[名]	oil
6. 胖	pàng	[形]	fat

回答问题

1. 玛丽的好朋友是哪国人？

2. 今天晚上他们要做什么？

3. 为什么玛丽现在很胖？

4. 你最喜欢吃什么菜？你知道它的中国名字吗？

第五课　我的房间

一

　　我是华东师范大学的留学生。我们的学校在上海，学校很大，也很漂亮。学校里面有两条河，一条大河，一条小河，我们的宿舍楼在大河的旁边。

　　我们的宿舍是一座十五层的楼房。我住在 5 楼 506 号房间。

　　我的房间不太大也不太小，很干净，也很舒服。房间里有两张桌子、两张床、两个衣柜还有一个沙发。这是我的床，床的左面是衣柜，右面是桌子。桌子上有很多汉语书。书是我的好朋友，我喜欢学习汉语。桌子上还有中国朋友送给我的礼物——一幅中

国画，我非常喜欢。我的同屋叫麦克，是美国人。麦克的桌子上
有一台电脑，他常常上网和美国的朋友聊天。他喜欢说汉语，不
喜欢写汉字，他说写汉字太难了。

　　我常常在房间里面学习汉语、写汉字、听录音……

　　我喜欢我的房间。

二

麦克：你的桌子上是什么？

玛丽：一幅中国画。怎么样，好看吗？

麦克：很漂亮！

玛丽：我的中国朋友送给我的。

麦克：我很喜欢中国画，我的电脑里有很多中国画。

玛丽：我也喜欢中国画，我还喜欢画上的中国字，很漂亮。

麦克：我不喜欢写汉字。

玛丽：为什么？

麦克：写汉字太难了。

玛丽：你喜欢做什么？

麦克：我喜欢和朋友聊天。

生词

1. 条	tiáo	［量］	a measure word
2. 河	hé	［名］	river
3. 宿舍	sùshè	［名］	dorm

4. 座	zuò	[量]	a measure word
5. 层	céng	[量]	a measure word
6. 楼房	lóufáng	[名]	building
7. 住	zhù	[动]	to live
8. 楼	lóu	[量]	a measure word
9. 号	hào	[名]	number
10. 房间	fángjiān	[名]	room
11. 干净	gānjìng	[形]	clean
12. 舒服	shūfu	[形]	comfortable
13. 桌子	zhuōzi	[名]	table
14. 床	chuáng	[名]	bed
15. 衣柜	yīguì	[名]	ches to fdrawers
16. 左面	zuǒmian	[名]	left
17. 右面	yòumian	[名]	right
18. 还	hái	[副]	also
19. 送	sòng	[动]	to give
20. 给	gěi	[动]	to give
21. 礼物	lǐwù	[名]	gift
22. 幅	fú	[量]	a measure word
23. 画	huà	[名]	picture
24. 同屋	tóngwū	[名]	roommate
25. 台	tái	[量]	a measure word
26. 电脑	diànnǎo	[名]	computer
27. 上网	shàng wǎng		surf Internet
28. 聊天	liáo tiān		to chat
29. 听	tīng	[动]	to listen
30. 录音	lùyīn	[名]	tape

专名

1. 华东师范大学	Huádōng Shīfàn Dàxué	East China Normal University
2. 上海	Shànghǎi	a city in east China

语言点

一、形容词谓语句

以形容词作谓语，描写主语"怎么样"的句子叫形容词谓语句。形容词谓语句的肯定形式是：主语 + 形容词。例如：

（1）我的房间很舒服。

（2）写汉字有点儿难。

（3）上海很大。

否定形式是：主语 + "不" + 形容词。例如：

（1）我的房间不舒服。

（2）写汉字不难。

（3）我的家乡不大。

肯定形式的形容词前边常用副词"很"。例如：

（1）麦克很高。

（2）我们的房间很干净。

否定形式的谓语形容词前面如用"很"，表示程度高。例如：

（1）我的房间很不干净。（非常"不干净"，很"脏"）

（2）这张桌子很不好。（非常"不好"，很"坏"）

如果"很"在否定副词"不"的后边，表示程度不高。例如：

（1）麦克不很高。（不太高）

（2）我的房间不很大。（不太大）

二、名量词

表示人、事物单位的词叫名量词。名量词主要有以下几类：

1. 个体量词，如：张、条、个、幅、台、座、层

2. 度量衡量词，如：米、厘米、千米

3. 货币单位量词，如：元、角、分、美元

4. 时间单位量词，如：点、分、秒

5. 集体单位量词，如：对、双、副、套、批、群、队、打（dá）

三、"也"和"还"

副词"也"和"还"一般用在动词、形容词的前面表示重复。

1. "也"和"还"用在后一小句里，表示几个动作属于同一个人或者事物。例如：

（1）我喜欢说汉语，也喜欢写汉字。

（2）我喜欢说汉语，还喜欢写汉字。

2. 如果这些动作不属于同一个主语，只能用"也"，不能用"还"。例如：

（1）他喜欢说汉语，我也喜欢说汉语。

*他喜欢说汉语，我还喜欢说汉语。

（2）他们的房间很干净，我们的房间也很干净。

*他们的房间很干净，我们的房间还很干净。

四、特指疑问句

特指疑问句是带有疑问代词的疑问句。疑问代词有"谁、什么、哪里、怎么样、为什么"等。这种疑问句和陈述句的词序完全一样，疑问代词放在

要求回答的位置上。比较：

陈述句		疑问句（特指问）
他们的学校在上海。	⟶	他们的学校在哪里？
他们的学校在上海。	⟶	谁的学校在上海？
他喜欢说汉语，不喜欢写汉字。	⟶	谁喜欢说汉语，不喜欢写汉字？
他喜欢说汉语，不喜欢写汉字。	⟶	他喜欢什么？不喜欢什么？
他的房间很干净，也很舒服。	⟶	他的房间怎么样？
我的房间里有一个沙发。	⟶	你的房间里有几（多少）个沙发？

五、方位词：上、下、里

方位词是表示方向或位置的词。方位词有单音节的和双音节的两种。单音节方位词很少单独使用。见下表：

单音节方位词	双音节方位词	
	后面加"边"	后面加"面"
上	上边	上面
下	下边	下面
里	里边	里面

方位词的基本用法是表示处所，经常跟在名词后，可以作主语、宾语和定语等。例如：

（1）桌子上（上边、上面）有一台电脑。

（2）有很多汉语书放在床下（下边、下面）。

（3）房间里（里边、里面）的两张床是坏的。

练习

一、根据课文内容判断下列句子是否正确

1. 我是华东师范大学的中国学生。　　　　　　　　　（　　）
2. 我们的学校在上海，学校很小，也很漂亮。　　　　（　　）
3. 我们学校有三条河，一条大河，两条小河。　　　　（　　）
4. 我住的宿舍是 5 楼 508 号房间。　　　　　　　　（　　）
5. 我的房间里有两张桌子、两张床、两个衣柜，还有一个沙发。（　　）
6. 我的同屋叫麦克，是英国人。　　　　　　　　　　（　　）
7. 麦克不喜欢写汉字，他说汉字太多了。　　　　　　（　　）

二、根据课文内容连线

张　　　　　　河
条　　　　　　楼
个　　　　　　衣柜
一　　　幅　　　　　　电脑
台　　　　　　画
座　　　　　　桌子

三、根据课文内容填空

1. 这就是我们学校。我们学校有两_____河，一_____大河，一_____小河。我们的宿舍是一_____楼房。宿舍楼有十五_____，我的宿舍在五_____。我的房间里有两_____床、一_____沙发、两_____衣柜还有两_____桌子。桌子上面有中国朋友送的一_____中国画。我的同屋是麦克，他有一_____电脑。

2. 我_____在 5 楼。我常常在房间里面_____汉语，_____汉字，_____录音。桌子上面的中国画是中国朋友_____我的。

四、读拼音写汉字

chuáng	（　　）	huà	（　　）	tīng	（　　）

chuáng　　（　　）　　huà　　（　　）　　tīng　　（　　）

shuài　　（　　）　　hé　　（　　）　　zhù　　（　　）

shàng wǎng （　　）　　zhuōzi （　　）　　gānjìng （　　）

五、给汉字注音

给　（　　）　　同屋（　　）　　舒服（　　）　　聊天（　　）

录音（　　）　　礼物（　　）　　电脑（　　）　　房间（　　）

六、选择适当的词语填空

> 也　　还

1. 玛丽是留学生，我_____是留学生。

2. 我们学校有一条大河，_____有一条小河。大河上面有一座桥，小河上面_____有一座桥。

3. 书在桌子上，笔_____在桌子上。

4. 我喜欢学习语言，我会说汉语，_____会说英语、日语和法语。

七、填写量词

1. 我有三_____📚，一_____是英文书，两_____是中文书。

2. 我们的宿舍是一_____十五_____的🏙，我住在六_____。

3. 我的房间有一_____🛋，一_____🛋和_____💻。

4. 杰克有一_____ ，我有一_____ 。

八、改错

1. 我不有妹妹。
2. 那位先生是不是中国人吗?
3. 我的哥哥和姐姐都医生,我的老师中国人。
4. 图书馆里面在很多人。
5. 我们学校是很大。
6. 我每天学习汉语在图书馆。

九、表达练习

请给同学们介绍一下你的房间。

副课文

长风公园

学校的后面有一个很大的公园,叫长风公园。公园里很漂亮,有很多树、很多桥,还有一个湖。每天有很多人在那里聊天、锻炼身体、和朋友见面。公园里还有一个海底世界,小孩子和年轻人喜欢去那里。

每年的春天,长风公园有花展,可以看到各种美丽的花儿。我和我的朋友也常常去公园玩儿,非常有意思。

生词

1. 公园	gōngyuán	[名]	park
2. 锻炼	duànliàn	[动]	to do physical trainning
3. 身体	shēntǐ	[名]	body
4. 海底	hǎidǐ	[名]	seabed
5. 世界	shìjiè	[名]	world
6. 花展	huāzhǎn	[名]	flower show

回答问题

1. 在长风公园可以看到什么?
2. 小孩儿和年轻人喜欢去长风公园的什么地方?
3. 放假的时候,除了逛公园,人们还可以做些什么?
4. 你逛过的最美的公园是什么公园?说说美在哪儿。

第六课　做事马虎的朋友

一

我有一个特别马虎的朋友。

她的汉字总是写不对，常常少点儿东西或者多点儿东西。比如说"晚饭"的"饭"，她总是不写左边的那个部分。

有一天，上汉语课的时候，老师问同学们："我们下星期一起去杭州旅行，好吗？"我的朋友知道以后，特别高兴。她兴奋地对老师说："老师，我很喜欢给别人照相。我想在旅行的时候给大家照相，行吗？"老师说："好的。"可是，到杭州以后，她才发现没拿照相机。

每到周末，她都去商店买东西，但是付钱以后，常常忘记拿自己买的东西。

因为很马虎，所以她总是在路上丢东西，也常常在家里找东西。她总是问她的丈夫："你知道我的钥匙在哪里吗？"她的丈夫也觉得她很马虎，但是她自己一点儿也不觉得。

有一天早上，她的女儿去朋友家玩儿。她告诉朋友两个小时以后去接孩子，可是一直到下午她还是没有去。傍晚5点，她才从容地去朋友家接女儿，对朋友说："真对不起，我以后一定记得准时接孩子。"

唉，有这么一个马虎的朋友，真是没办法。

（改编自华东师范大学留学生永井美惠子《马虎的朋友》）

二

麦克：借给我一本学汉语的书，好吗？

玛丽：好的。是你自己看，还是给你的朋友看？

麦克：给我的一个朋友看。

玛丽：你最好下个月14号之前还给我，因为我15号要出去玩儿。

麦克：你下个月15号去哪里玩儿？

玛丽：我或者去西藏，或者去北京看朋友。

麦克：我也想去西藏！我和你一起去，行吗？

生词

1.	特别	tèbié	[副]	special
2.	马虎	mǎhu	[形]	slipshod
3.	总是	zǒngshì	[副]	always
4.	或者	huòzhě	[连]	or
5.	部分	bùfen	[名]	part

6. 旅行	lǚxíng	［动］	tour
7. 知道	zhīdào	［动］	to know
8. 兴奋	xīngfèn	［形］	exciting
9. 地	de	［助］	an auxiliary word
10. 对	duì	［介］	to
11. 拿	ná	［动］	to take
12. 照相机	zhàoxiàngjī	［名］	camera
13. 商店	shāngdiàn	［名］	shop，store
14. 钱	qián	［名］	money
15. 忘记	wàngjì	［动］	to forget
16. 因为	yīnwèi	［连］	because
17. 所以	suǒyǐ	［连］	so
18. 丢	diū	［动］	to lose
19. 钥匙	yàoshi	［名］	key
20. 觉得	juéde	［动］	to feel
21. 告诉	gàosu	［动］	to tell
22. 以后	yǐhòu	［名］	after
23. 接	jiē	［动］	to meet
24. 一直	yìzhí	［副］	always
25. 傍晚	bàngwǎn	［名］	towards evening，at dusk
26. 从容	cóngróng	［形］	leisurely，unhurried
27. 真	zhēn	［副］	really
28. 一定	yídìng	［副］	bebound or sure to
29. 办法	bànfǎ	［名］	way

专名

1. 杭州   Hángzhōu   a city in Zhejiang province

2. 西藏　　　Xīzàng　　　Tibet

3. 北京　　　Běijīng　　　the capital of China

语言点

一、"的"和"地"

结构助词"的"附在定语后边，一般修饰名词性词语。例如：

（1）哥哥的家在北京。

（2）他的宿舍很干净。

（3）付钱的时候，我忘了钱包在哪儿。

结构助词"地"附在状语后边，修饰动词、形容词性词语。例如：

（1）她十分兴奋地说："太好了！"

（2）麦克今天非常地高兴。

二、"在"

介词"在"一般用在处所名词前面，一起表示行为动作发生的处所或到达的处所。例如：

（1）很多外国留学生在上海学习。

（2）同学们都站在大门口。

如果"在"后面的宾语不是处所名词，而是普通事物名词，要在后面加上方位词，如"里""上""下""旁（边）"等。例如：

（1）电脑放在桌子上。

（2）在学校里面有一个很大的花园。

如果"在"后面的宾语是指人名词或代词，要在后面加上"这儿"或者

"那儿"。例如：

    （1）请你们在我这儿吃饭。

    （2）他在朋友那儿看书呢。

三、"给"

介词"给"可引出动作的对象，后面一般是指人名词或代词。例如：

（1）她给我们做点心。

（2）妈妈给女儿讲故事。

（3）我把自己心爱的东西送给妹妹了。

四、"或（者）"和"还是"

连词"或（者）"表示在两种或更多事物中做一种选择，一般用于陈述句，不用于疑问句。例如：

（1）去你家或者我家都行。

（2）暑假我要去西藏或内蒙古旅游。

连词"还是"可以用于疑问句或陈述句，表示疑问或不能确定。例如：

（1）明天是星期六还是星期天？

（2）我不知道明天是晴天还是阴天。

（3）不管是下雨还是下雪，我都喜欢。

五、连动句

两个（或两个以上）动词性词语用在同一个句子里，做同一个主语的谓语，这样的句子叫连动句。连动句的基本格式是：主语＋动词1＋（宾语1）＋动词2＋（宾语2）。连动句里前后动词之间往往具有不同的关系。

1. 主要是两个动作先后或者连续发生。例如：

（1）妈妈刷了牙去吃饭。

（2）他们每天吃了早饭去跑步。

2. 后一动作表示前一动作的目的。例如：

（1）我去商店买衣服。

（2）他到中国学习汉语。

3. 前一动作表示后一动作的手段、方式。例如：

（1）同学们坐火车去杭州。

（2）我用毛笔写汉字。

六、时间词作状语

时间词是表示日期、时刻、季节等的名词。例如：20 世纪、2008 年、古代、现在、去年、夏天、九月、今天、白天、早上、五点。时间词主要作主语、宾语、定语、状语等。作状语时，经常在谓语动词前面，也可以在句首。例如：

（1）今天是星期六。（作主语、宾语）

（2）昨天的电影真好看！（作定语）

（3）做作业整整用了一个下午。（作宾语）

（4）我们下个月九号上学。（作状语）

（5）每天夜里爸爸都工作到 12 点。（作状语）

（6）昨天晚上十点，她才回到家。（作状语）

练习

一、根据课文内容判断下列句子是否正确

1. 我朋友的汉字总是写不对，不是少点儿东西，就是多点儿东西。比如说"晚饭"的"饭"，她总是不写右边的那个部分。　　　　　　（　　）

2. 旅行的时候我的朋友给大家照相了。　　　　　　　　　　　　（　　）

3. 因为很马虎，所以她总是在路上丢东西，也常常在家里找东西。（　　）

4. 有一次，我的马虎朋友忘了去朋友家接自己的孩子。 （　　　）

二、根据课文内容给下列句子排序

（　　）老师告诉大家下星期去杭州旅行

（　　）到了杭州

（　　）有一天，大家在上汉语课

（　　）我的朋友发现她没有带相机

（　　）我的朋友对老师说要在旅行的时候给大家照相

三、回答问题

1. 为什么说我的朋友很马虎？

2. 你有这样马虎的朋友吗？

四、读读写写

特别	总是	忘记	所以
牛奶	星期	一直	部分
时候	商店	兴奋	从容

五、读拼音写汉字

wǔfàn　（　　　）　　zhīdào　（　　　）　　yǐhòu　（　　　）

xǐhuan　（　　　）　　yīnwèi　（　　　）　　juéde　（　　　）

méi bànfǎ （　　　）　　cóngróng （　　　）

六、替换练习

1. <u>妈妈</u>　　给　　<u>我们</u>　　<u>做点心</u>。

他	弟弟	买东西
我	女朋友	照相
老师	同学们	上课
朋友们	我	加油儿

2. <u>老师</u>　　在　　<u>教室里</u>　　<u>上课</u>。

我	房间里	听录音
王方	电脑上	聊天
麦克	桌子上	写汉字
姐姐	门口	等我

七、选择适当的词语填空

　或者　　还是

1. 爸爸今天下午_____晚上回来。

2. 你下个月去北京_____去上海？

3. _____去北京_____去上海。

4. 纽约现在是早上_____晚上？

5. 他不知道女儿是在家里_____在学校。

6. 每天早上，我吃面包_____包子。

7. 你买了一张报纸_____两张报纸？

8. 他现在学习英语_____日语，你问他的爸爸吧。

9. 他是中国人_____日本人，我真的不知道，你问问王老师。

10. 你喜欢我_____喜欢他？

　的　　地

1. 他说，他妈妈做_____菜非常好吃。

2. 看到我们，杰克兴奋_____说："见到你们太高兴了！"

3. 我看见_____那个中国女孩儿太漂亮了！

4. 汉语很难，但是我们都很努力_____学习。

5. 皮尔很胖，可是他_____衣服很小；他很高，可是他_____床也很小。

6. 他不高兴_____看了看我，说："我不知道。"

7. 他是一个非常喜欢学习汉语_____留学生。

8. 他们幸福_____在一起生活。

9. 中国人说_____汉语我听不明白。

10. 她_____衣服很漂亮，她喜欢买很贵_____衣服。

11. 昨天我去饭店吃饭，服务员热情_____给我介绍好吃的菜。

12. 这是我小时候_____照片。

八、用给出的词语填空

接　对　又　告诉　一直　真　一定　所以

1. 他_____不喜欢吃辣的菜。从来中国以后他才开始吃辣的菜。

2. 小王这么晚还没有来上班，_____是生病了。

3. 昨天晚上，同屋_____我，他的自行车丢了。

4. 你可_____马虎，又走错了教室。

5. 我喜欢中国文化，_____我来到中国学习汉语。

6. 我_____他这么做很不对，他应该对你说"对不起"。

7. 他非常喜欢吃巧克力，吃了一块_____一块。

8. 杰克的妈妈明天要来上海，杰克打算去机场_____他的妈妈。

九、用"因为……所以……"完成句子

1. 因为他每天早上_____。

2. 因为他的学习很好，_____。

3. 因为每个周末_____。

4. 因为小王和小李是好朋友，_____。

5. 因为最近上海的天气不太好，_____。

6. 因为她喜欢红色，_____。

十、把下列词语整理成句子

1. 食堂　吃饭　我　去　以后　下课

   _____

2. 教室　昨天　毛笔　在　汉字　用　我　写

   _____

3. 火车　我们　杭州　坐　旅行　明天　去

十一、表达练习

选择下面的句子作为开头介绍你的一位朋友。

1. 我有一位非常马虎的朋友。
2. 我有一位认真的朋友。
3. 我有一位非常有意思的朋友。

副课文

学习汉语的好办法

　　我们班有十六位同学，我们每天一起学习汉语。汉语很难，但是很有意思。现在我们知道了很多的汉字和中国的文化，我觉得非常有意思。我们每天上午学习四个小时，下午没有课。不上课的时候，我们常常一起去吃中国菜，喝啤酒，还聊天。我们一边聊天一边练习汉语，非常高兴。买东西的时候和坐车的时候，我也常常和中国人聊天，我觉得聊天是一个学习汉语的好办法。

生词

1. 有意思	yǒu yìsi			interesting
2. 文化	wénhuà	[名]		culture
3. 啤酒	píjiǔ	[名]		beer

回答问题

1. 不上课的时候，同学们常常做什么？
2. 作者觉得什么是学习汉语的好办法？
3. 你还有些什么学习汉语的好办法？

第七课　我的同屋麦克

一

麦克是我的同屋，也是我的好朋友。来中国以前，麦克在美国一所大学学习法律。因为对中国文化很感兴趣，所以他来中国学习汉语。

每天早上，麦克六点起床。起床以后，他常常去运动场锻炼身体，锻炼半个小时。我喜欢睡懒觉，每天八点起床。我们每个星期上五天课，每天上三个小时。麦克觉得汉语虽然很难，但是也很有意思。每天能学新东西是麦克最高兴的事。

下课以后，麦克和他的中国朋友互相学习，麦克教中国朋友说英语，中国朋友教他说汉语。有时候，他们一边逛街一边学习。麦克说在生活中学习汉语很有趣，也很有用。

每天下午，麦克在房间里面练习写汉字，写半个小时或者四十分钟。写完汉字以后，麦克去运动场打篮球。他最喜欢打篮球，每天下午打两个小时篮球。麦克还很喜欢上网。有时候他在网上购物。他说网上有很多又便宜又新鲜的东西。

　　放假的时候，麦克喜欢去旅游，他说这样可以了解中国的文化。他想去很多地方，比如：北京、青岛、西安、云南。他说去的地方越多，就越能了解中国丰富的文化。下次放假的时候，我打算和麦克一起去旅游。

二

麦克：起床！起床！

杰克：我要睡觉，我很累！你每天睡六个小时觉，不累吗？

麦克：快点儿起床吧！你要是每天六点起床，跑半小时步，你的身体会很好！虽然你现在每天睡觉睡九个小时，但是你不锻炼身体，怎么会健康呢？

杰克：我更喜欢在床上睡觉！

麦克：真没办法！快起吧，上课要迟到啦！

杰克：现在几点了？不是七点吗？

麦克：都快八点了！

杰克：啊！？

生词

1.	所	suǒ	[量]	a measure word
2.	法律	fǎlǜ	[名]	law

3.	感兴趣	gǎn xìngqu		be interested
4.	运动场	yùndòngchǎng	[名]	playground
5.	睡觉	shuì jiào		to sleep
6.	懒	lǎn	[形]	lazy
7.	虽然	suīrán	[连]	although
8.	互相	hùxiāng	[副]	each other
9.	逛	guàng	[动]	to stroll
10.	街	jiē	[名]	street
11.	生活	shēnghuó	[名]	life
12.	有趣	yǒuqù	[形]	funny
13.	有用	yǒuyòng	[形]	useful
14.	打	dǎ	[动]	to play
15.	篮球	lánqiú	[名]	basketball
16.	购物	gòuwù	[动]	to shopping
17.	便宜	piányi	[形]	cheap
18.	新鲜	xīnxiān	[形]	fresh
19.	放假	fàng jià		have vocation
20.	旅游	lǚyóu	[动]	tour
21.	了解	liǎojiě	[动]	to know
22.	越	yuè	[副]	more
23.	丰富	fēngfù	[形]	rich，ample，aboundant
24.	打算	dǎsuan	[动]	to plan

专名

1.	青岛	Qīngdǎo	a city in Shandong province
2.	西安	Xī'ān	a city in Shanxi province
3.	云南	Yúnnán	a province of China

语言点

一、时量补语

时量补语一般放在动词后面，表示动作从始至终持续的时间或状态持续的时间。例如：

(1) 麦克打算去北京玩儿三天。

(2) 每天下课后，我们休息三十分钟。

如果动词带宾语，时量补语可以放在动词和宾语之间，构成"V＋时量补语＋（的＋）O"格式。例如：

(1) 我每天学三个小时（的）汉语。

(2) 她每天跳三个小时（的）舞。

如果动词是"洗澡、游泳、跑步、睡觉"等离合词，除上述格式外，还可构成"VO＋V＋时量补语"格式，或者"V＋时量补语＋（的＋）O"格式。例如：

(1) 我每天跑步跑半个小时。——→我每天跑半个小时（的）步。

(2) 爷爷每天中午睡觉睡一个小时。——→

爷爷每天中午睡一个小时（的）觉。

二、离合词

离合词是指某些合成词往往可以拆开，在中间插进别的成分。常见的离合词有：洗澡、吃饭、生气、跑步、散步、唱歌、睡觉、游泳、考试、聊天等。离合词中间可以插入多种词语。以"洗澡"为例，就可以有以下形式。例如：

洗洗澡 洗个（/次/回）澡

洗个热水（/冷水）澡 洗个痛痛快快的澡

刚刚洗了澡 已经洗过澡了 正在洗着澡

洗得了（/不了）澡 洗半小时澡

练习

一、根据课文内容判断下列句子是否正确

麦克是我的同屋，也是我的好朋友。 （　　）

来中国以前，麦克在英国一所大学学习法律。 （　　）

因为对中国的语言很感兴趣，所以麦克来中国学习汉语。 （　　）

每天早上起床以后，麦克常常去运动场锻炼身体。 （　　）

我喜欢睡懒觉，每天九点起床。 （　　）

每天能学新东西是麦克最高兴的事。 （　　）

二、根据课文内容选择正确答案（单选或者多选）

1. 下课以后，麦克和他的中国朋友互相学习。有时候，他们一边_____，
一边学习。

　　　　A. 喝咖啡　　　　B. 聊天　　　　C. 逛街　　　　D. 看电影

2. 每天下午，麦克不做什么？

　　　　A. 写汉字　　　　B. 打篮球　　　　C. 上网　　　　D. 游泳

3. 放假的时候，麦克想去哪儿旅游？

　　　　A. 西安　　　　B. 青岛　　　　C. 北京　　　　D. 四川

4. 下次放假的时候，我打算做什么？

　　　　A. 学习汉语　　　　B. 回国　　　　C. 睡懒觉　　　　D. 和麦克一起去旅游

三、回答问题

1. 麦克为什么来中国？

2. 麦克有什么好办法学习汉语？

3. 麦克每天下午怎么过？

4. 麦克放假的时候想做什么？为什么？

四、读读写写

打篮球   打排球   打网球   打羽毛球

法律   文化   兴趣   生活

锻炼   睡觉   起床   上课

五、连线

	A 组			B 组
方法	清新		感	篮球
生活	有用		了解	兴趣
空气	丰富		逛	文化
关系	密切		打	街

六、用给出的词语填空

上课   打算   了解   感兴趣   便宜   新鲜   放假   旅游   逛   互相

1. 我_____下课以后去学校西门的饭店吃饭。

2. 快_____了，我还不知道要不要去北京看我的朋友。

3. 下雨以后，外面的空气特别的_____，我们出去走走吧。

4. 我认识她只有几个星期，所以对她还不是很_____。

5. 我们班的同学常常_____帮助，_____学习。

6. 今天的天气真好啊！你不想和我一起_____公园吗？

7. 去香港_____的时候，她认识了那个女孩儿。

8. 我们每星期_____五天_____。

9. 你对什么音乐_____？

10. 这件衣服虽然_____，但是很漂亮。

七、用"虽然……但是……"完成句子

1. 虽然今天天气不好，_____。

2. 虽然汉语很难，_____。

3. 虽然学校很远，_____。

4. 虽然现在还是冬天，_____。

5. 虽然我不喜欢吃这个菜，_____。

6. 虽然你的衣服不是很贵，_____。

7. 虽然这本书很好看，_____。

8. 虽然你姐姐不在家，_____。

八、改错

1. 我聊天我的朋友。

2. 她每天跑步半小时。

3. 麦克唱歌很好。

4. 现在是四个点半。

5. 我听音乐和麦克一起。

6. 我们每天下午写一个小时半汉字。

九、根据自己的情况回答问题

1. 你每天几点写作业？你写作业写多长时间？

2. 你们每天上课上几个小时？

3. 你们每天有几节课？每节课下课以后休息多长时间？

4. 你每天几点睡觉？你每天睡觉睡多长时间？

十、把下列词语整理成句子

1. 下课　他　在　踢　篮球　以后　运动场　或者　足球　打

_____

2. 我　半天　书　图书馆　看　在　常常　周末

_____

3. 每天　你　汉语　学　多长时间　学

_____

4. 电影　以后　麦克　昨天　我　和　看　晚饭　了

_____

5. 每天　小时　只　他　六　睡觉　个

_____

十一、表达练习

说说你在中国的留学生活。

副课文

皮尔爱睡觉

　　最近，皮尔很喜欢睡觉，每天睡觉睡九个小时，可是每天还是很困。老师讲课的时候，他觉得困；走路的时候，他觉得困；写作业的时候，他还是觉得困。每天下午我们都在练习写汉字，可是皮尔在睡午觉，他每天要睡两个小时午觉。

　　我们问皮尔为什么这么喜欢睡觉，皮尔说大概是春天到了。

生词

1. 困	kùn	[形]	sleepy
2. 走路	zǒu lù		to walk
3. 大概	dàgài	[副]	maybe

回答问题

1. 最近皮尔为什么喜欢睡觉？

2. 你知道"春困"吗？

3. 一年四季的气候变化对人的生活有些什么影响？

第三单元

趣味留学篇

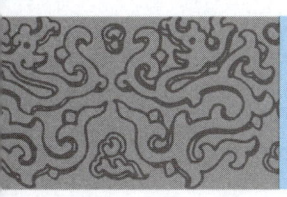

第八课 跳 舞

一

高中的时候，我非常喜欢跳舞，但高中毕业以后我就一直没机会跳了。想跳舞想得不得了，可是没有时间。

来中国一个半月以后的一天，我听到了日本的音乐，心想："他们在做什么呢？"我一看，发现一些日本同学在跳舞。我高兴极了，对朋友说："我也想去跳舞。"朋友说："去吧，她们一定会欢迎你的。"

在办公室里，几位同学正合着音乐跳舞。音乐非常快，合上节拍很困难，可是她们都跳得很愉快。我说："我也想跟你们一起跳舞，可以吗？"她们说："当然可以，来吧，来吧！"我特别高兴。可是她们为什么现在跳舞呢？她们说："我们快要回日本了，所以想给大家留下一个美好的回忆。"

我发现有一个人跳舞跳得特别棒。这个人就是我们的老师。她教得非常好，跟她一起跳舞我觉得很高兴。大家跟不上的时候，她就耐心地给我们讲，我们的舞跳得渐渐好了。

演出的那一天，看的人很多，我们跳得非常成功。

演出结束了，没有人再练习跳舞了。我觉得很遗憾，我希望以后再有跳舞的机会。

（改编自武汉大学日本留学生上野纪久子《跳舞》）

二

玛丽：杰克，下课以后你做什么？

杰克：打篮球、听音乐、看书。

玛丽：你经常打篮球吗？你篮球打得怎么样？

杰克：我篮球打得一般，可是我有一个朋友打得很不错，她是学校篮球队队长。

玛丽：你喜欢听音乐，那你也喜欢唱歌吧？

杰克：不，我喜欢音乐，但是我不经常唱歌。我喜欢听着音乐看书。吃完晚饭以后，我就回到房间，开着收音机写作业。

玛丽：看来，你每天都能做自己喜欢的事情。

杰克：是的，所以，我觉得我过得很开心。

生词

1. 跳舞	tiào wǔ		to dance
2. 毕业	bì yè		to graduate
3. 机会	jīhuì	[名]	chance，opportunity

4. 想	xiǎng	[助动]	to want
5. 得	de	[助]	an auxiliary word
6. 音乐	yīnyuè	[名]	music
7. 发现	fāxiàn	[动]	to discover
8. 欢迎	huānyíng	[动]	to welcome
9. 合	hé	[动]	to follow
10. 节拍	jiépāi	[名]	time
11. 困难	kùnnan	[形]	difficulty
12. 愉快	yúkuài	[形]	happy
13. 可以	kěyǐ	[助动]	can
14. 要	yào	[助动]	to want
15. 留下	liúxià	[动]	to remain
16. 美好	měihǎo	[形]	nice
17. 回忆	huíyì	[名、动]	to recollect
18. 跟	gēn	[动]	to follow
19. 耐心	nàixīn	[形]	patient
20. 渐渐	jiànjiàn	[副]	little by little
21. 演出	yǎnchū	[动]	perform
22. 成功	chénggōng	[动]	to succeed
23. 结束	jiéshù	[动]	to finish
24. 再	zài	[副]	again
25. 练习	liànxí	[动]	to practise
26. 遗憾	yíhàn	[形]	pity
27. 希望	xīwàng	[动]	hope，wish

专名

日本	Rìběn	Japan

语言点

一、情态补语

情态补语是对动作的状态进行说明的补语，基本结构是：动词/形容词＋得＋形容词性词语。否定形式是：动词/形容词＋得＋不＋形容词性词语。例如：

（1）这个老师教得非常好。

（2）我们的舞跳得渐渐好了。

（3）他忙得一点儿空都没有。

（4）他高兴得跳了起来。

二、程度补语

程度补语位于动词或者形容词后面，表示动作或状态达到的程度。程度补语一般由形容词性词语充当。基本结构是：动词/形容词＋极/透/死＋了，或：形容词＋得＋很/不得了/了不得。例如：

高兴死了　兴奋极了

坏得不得了（/了不得）　快得很　好得很

三、介词结构

介词结构是指介词附着在实词或短语的前面形成的结构。它的主要作用是引进跟动作、性质或状态有关的时间、处所、范围、施事、受事、工具、对象、目的、原因等，在句子中充当状语、定语或补语。

1. 作状语是介词结构的主要语法功能，主要用来修饰谓语，也可以修饰全句。修饰谓语时，位于谓语前；修饰全句时，常常位于句首。例如：

（1）我在北京大学学习汉语。

（2）我高兴极了，对朋友说："我也想去跳舞。"

（3）对于去哪儿旅行，我们还没有决定。

2. 作定语时，介词结构位于要修饰的名词前，中间一定要用"的"。
例如：

(1) 我对他的感觉不错。

(2) 他对这个问题的回答很准确。

四、着

"着"是动态助词，主要表示动作或状态的持续。

1. 用在动词后面，表示动作的进行或状态的持续。例如：

(1) 弟弟在上学的路上走着。

(2) 姐姐坐在椅子上唱着歌。

(3) 他们都穿着新衣服。

(4) 我家的墙上挂着我的照片。

2. 用在部分单音节的形容词后面，表示性状的持续。例如：

(1) 他正忙着做作业。

(2) 房间里亮着灯。

(3) 在那个人的旁边空着一个座位。

五、助动词"想""会""可以"

1. 想：表示愿望、打算。例如：

(1) 我想跟你们一起跳舞。

(2) 今天我很累，不想去踢球了。

2. 会：表示可以实现，已然、未然的情况都可以用。例如：

(1) 我不知道你今天会来。

(2) 在上学时，我常常会遇到麦克。

"会"还可以表示有能力做或者懂得怎么样某事。例如：

(1) 来中国以前，我不会说汉语。

（2）他喜欢听音乐，但他不会唱歌。

3. 可以：

表示主客观条件容许做某事。在陈述句中，表达否定意思用"不能"。例如：

（1）他可以说汉语。——→ 他不能说汉语。

（2）今天，我可以看完这本书。——→ 今天我不能看完这本书。

表示"准许"或情理上许可。在陈述句中，表达否定意思用"不能"，单独回答问题时用"不行""不成"。例如：

（1）这里太热了，你可以打开窗户。

（2）你不能把这本书带回宿舍。

（3）我可以跟你们一起跳舞吗？——可以。

（4）这里可以吸烟吗？——不行。

表示"值得"的意思。在陈述句中，表达否定意思用"不值得"。例如：

（1）这本书写得不错，你可以看看。

（2）中国菜很好吃，你可以尝一尝。

（3）这部电影拍得太差，不值得一看。

练 习

一、根据课文内容判断下列句子是否正确

1. 高中毕业以后我有时候去跳舞。　　　　　　　　　　（　　）

2. 来中国两个月以后的一天，我听到了日本的音乐。　　（　　）

3. 我们的老师跳舞跳得特别棒。　　　　　　　　　　　（　　）

4. 演出的那一天，看的人很少，但我们跳得非常成功。（　　）

5. 演出结束了，还有人练习跳舞。　　　　　　　　　　（　　）

二、根据课文内容填空

1. 来中国一个半月以后_____一天，我听到了日本_____音乐。

2. 演出_____那一天，我们跳_____非常成功。

3. 我发现我们_____老师跳舞跳_____特别棒。

4. 大家跟不上_____时候，我们_____老师就耐心_____给我们讲。

三、用汉语解释画线的词语

1. 我们快要回日本了，所以想给大家留下一个美好的<u>回忆</u>。

2. 她们都跳得很<u>愉快</u>。

3. 我们的老师跳舞跳得特别<u>棒</u>。

4. 演出的那一天，我们跳得非常<u>成功</u>。

四、回答问题

1. 日本同学为什么现在跳舞？

2. 我们为什么跳得渐渐好了？

3. 演出那一天，我们跳得怎么样？

4. 演出结束后，我还练习跳舞吗？

五、读读写写

| 音乐 | 渐渐 | 演出 |
| 回忆 | 成功 | 耐心 |

六、读拼音写汉字

jīhuì （　　　　）　　　yúkuài （　　　　）　　　jiépāi （　　　　）

yíhàn （　　　　）　　　měihǎo （　　　　）　　　kùnnan（　　　　）

七、用给出的词语填空

> 毕业　希望　欢迎　合　留下　跟　结束　练习　发现　觉得

1. 我_____不能跳舞是一件很遗憾的事。

2. 在校门口，学生们_____来学校参观的老师。

3. 每天放学，我都会到操场上_____跑步，因为我_____在运动会上得第一名。

4. 麦克正在认真地做作业，因为他想给老师_____一个好印象。

5. 足球比赛_____后，我听到中国队获得了第一名，高兴得跳了起来。

6. 小学_____以后，我就_____着爸爸妈妈去了国外。

7. 妹妹在房间里_____着音乐唱歌，十分好听。

8. 下了公共汽车，玛丽突然_____钱包没了，急得大叫了起来。

八、选择适当的词语填空

> 再　又

1. 这个苹果_____红_____大。

2. 她昨天来过了，今天_____来了。

3. 我去过一次北京，还想_____去一次。

4. 昨天我做作业做错了，今天_____错了。

5. 我先去买东西，_____到宿舍学习汉语。

6. 王方是我的朋友，_____是我的汉语老师。我们常常一起聊天。我喜欢先看电视，_____做作业，他喜欢先做作业，然后_____看电视。我还喜欢旅游，他也喜欢旅游。他说，他去过长城一次，还想_____去一次。所以上个学期结束以后，王方_____去了一次长城。他说长城_____漂亮_____大，非常好。我也想去长城。

> 一直　从来

1. 他_____不说谎。

2. 自从爷爷死后，奶奶_____很伤心。

3. 昨天晚上，雨_____下。

4. 这件事我_____不知道。

5. 她做作业_____很认真。

九、选择合适的位置

1. A 很长时间 B 给你 C 打电话了。（没）

2. 我们 A 每天下午 B 学习汉语 C。（在教室里）

4. 下课以后 A 老师 B 和我们一起 C 聊天。（常常）

5. A 我 B 每天 C 看见她在教室里写汉字。（都）

十、用"动词＋着"完成句子

1. 桌子上_____一本《学汉语》。

2. 黑板上_____"欢迎光临"几个大字。

3. 他们家的门_____，我想他们都不在家。

4. 老师在桌子前面_____，准备开始上课。

5. 学校大门口_____一辆白色的汽车。

十一、根据自己的情况回答问题

1. 你唱歌唱得怎么样？你会唱中国歌吗？

2. 你喜欢写汉字吗？你汉字写得好不好，快不快？

3. 你会做饭吗？你做的饭好吃不好吃？

十二、改错

1. 这个书包寄来从美国。

2. 他跑步得很快。

3. 杰克写汉字写得认真。

4. 他说我他爸爸下个星期来中国。

十三、把下列词语整理成句子

1. 他 回家 以后 开 想 电影 着 汽车 看完

   _____

2. 我 可以 跟 踢球 吗 一起 也 哥哥 想

   _____

3. 发现 棒 日语 我 说 特别 我们的 得 老师 说

   _____

4. 妈妈 正 音乐 在 做饭 听 家 着

   _____

十四、表达练习

来中国以前你喜欢做什么？现在你有什么新的爱好？

副课文

跑　　步

　　来中国以后，因为常常吃中国菜，我变胖了。昨天我的朋友看我照片的时候，说："你现在好胖啊。"我是一个爱美的女孩子，听了这句话多难过啊！可是，我又喜欢吃中国菜，怎么办呢？所以，我决定每天跑步。

　　我发现我们学校的很多中国学生都在晚上跑步，所以，我也选择在晚上跑步。每天晚上九点钟，我开始跑步，跑半个小时。跑完步以后，我看两个小时电视，洗十分钟澡，就去睡觉。我发现，我不但瘦了，睡觉也睡得很好。这些都是跑步的好处。

生词

1. 难过	nánguò	[形]	sad
2. 决定	juédìng	[动]	to decide
3. 洗澡	xǐ zǎo		to take a bath
4. 瘦	shòu	[形]	thin
5. 好处	hǎochù	[名]	advantage

回答问题

1. 作者为什么会变胖？
2. 你喜欢跑步吗？除跑步外，你还喜欢什么体育活动？
3. 什么时间跑步最好？
4. 跑步能给人带来什么好处？

第九课　看　四　季

一

春　天

春天到了，天上的风筝越来越多了。

风筝是中国人发明的，在中国已经有两千多年的历史了。

山东潍坊是著名的风筝的故乡，从 1984 年开始，在那里每年 4 月 20 日至 25 日都要举办潍坊国际风筝节。在风筝节上，有中国人也有外国人，有大人也有孩子。大家放着各种各样的风筝，有传统的中国风筝，也有外国的风筝，快乐极了。

夏　天

夏天来了，天气越来越热了。我们学校在上海，夏天的时候我只喜欢晚上，因为晚上没有太阳了，天不那么热了。我常常和我的同屋一起去河边，那里的荷花开了，有的是白的，

有的是粉的，非常漂亮。河边有很多中国同学，也有很多外国留学生。他们又说又笑，一边聊天，一边看风景。

秋　　天

秋天来了，在中国的北方，天变得越来越高，也越来越蓝了。菊花开了，有红的、黄的、紫的、白的，真让人喜欢！马路边的树叶黄了，都落下来了，路边堆起了像小山一样的落叶。果园里，一片红、一片黄，红的是苹果，黄的是梨。田里的庄稼都成熟了，鸟儿都飞到南方去过冬了。

冬　　天

冬天来了，北方的天气越来越冷了，去海南岛吧，那里一年四季都温暖，是温暖又美丽的。大海是蓝色的，沙滩是白色的，椰树是高高的，让你再也不想去别的地方了。在阳光下，海水有丰富的色彩，有绿色、蓝色……那里的海水没有污染，非常干净，另外，空气也很干净。如果你不喜欢冬天，就去海南岛吧，你一定会喜欢那里的阳光和大海。

二

玛丽：杰克，你最喜欢哪个季节？

杰克：我最喜欢秋天。

玛丽：为什么？

杰克：因为秋天的天气很舒服。去年秋天，我去云南了，那里的秋天太漂亮了。你呢？

玛丽：我最喜欢春天，春天的时候，树都绿了，花都开了，天气也暖和了，我的心情就变好了。我不喜欢冬天，冬天太冷了。

杰克：我也是。不过，春天快来了！

玛丽：对啊！春天快来了！

生词

1.	风筝	fēngzheng	[名]	kite
2.	发明	fāmíng	[动]	to invent
3.	历史	lìshǐ	[名]	history
4.	著名	zhùmíng	[形]	famous
5.	举办	jǔbàn	[动]	to hold
6.	节	jié	[名]	feast day
7.	各种各样	gè zhǒng gè yàng		all kinds of
8.	传统	chuántǒng	[形]	traditional
9.	荷花	héhuā	[名]	lotus

10. 一边……一边	yìbiān……yìbiān	[连]	…and…
11. 粉	fěn	[形]	pink
12. 风景	fēngjǐng	[名]	view
13. 变	biàn	[动]	to change
14. 菊花	júhuā	[名]	chrysanthemum
15. 落	luò	[动]	to fall
16. 落叶	luòyè	[名]	defoliation
17. 堆	duī	[动]	measure word
18. 果园	guǒyuán	[名]	orchard
19. 庄稼	zhuāngjia	[名]	emblement
20. 成熟	chéngshú	[动]	to ripe
21. 温暖	wēnnuǎn	[形]	warm
22. 沙滩	shātān	[名]	sand beach
23. 阳光	yángguāng	[名]	sunshine
24. 污染	wūrǎn	[动]	to pollute
25. 另外	lìngwài	[连]	in addition
26. 色彩	sècǎi	[名]	colour

 专名

1. 山东   Shāndōng   province in northern China
2. 潍坊   Wéifāng   a city in Shandong province
3. 海南岛   Hǎinán Dǎo   Hainan island

77

语言点

一、语气词"了"

语气词"了"放在句尾表示情况出现了变化。例如：

（1）昨天我生病了。

（2）明年三月我就三十岁了。

（3）等你的病好了，我们就去杭州旅游吧。

如果句子是否定形式，句末就不再用"了"。例如：

（1）昨天我没有生病。

（2）明年三月我还不到三十岁。

二、"不"和"没有"

1. "没有"用于客观否定某行为的发生，只能用于指现在和过去，不能指将来。"不"用于表达个人主观意愿，否定经常性或习惯性的行为，可用于指过去、现在或将来。例如：

（1）他昨天没有去看足球比赛。

（2）她刚起床，还没有洗脸呢。

（3）虽然蔬菜很有营养，可是很多人都不喜欢吃。

（4）我不打算参加明天的会议了。

2. "不"用于否定事物具有某种性质、状态，"没有"用于否定事物性质、状态发生的变化。例如：

（1）这本书不好看。

（2）我的话还没有说完呢。

3. "不"可以用在所有助动词前面，组成各种形式，"没（有）"只能用于"能、能够、敢、要"等少数几个助动词前面，且只有"没（有）＋

助动词"一种形式。例如：

（1）我不会告诉你这次考试的答案的。

（2）这件事你到底愿不愿意干？赶快回答我。

（3）刘先生还是没有能赶上最后一班公交车。

练习

一、根据课文内容判断下列句子是否正确

1. 风筝是英国人发明的。　　　　　　　　　　　　　（　　）

2. 从 1984 年开始，潍坊每年都举办风筝节。　　　　（　　）

3. 在中国，北方的冬天和南方的冬天是一样的。　　　（　　）

4. 海南岛的一年四季都是温暖而又美丽的。　　　　　（　　）

二、根据课文内容连线

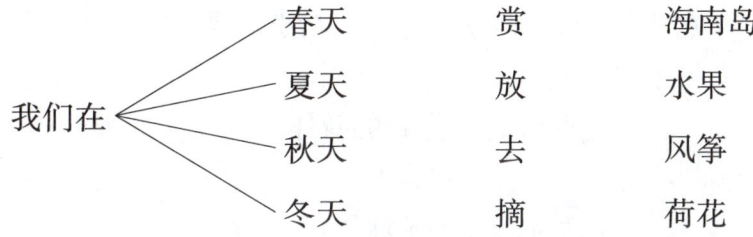

我们在

春天　　　赏　　　海南岛

夏天　　　放　　　水果

秋天　　　去　　　风筝

冬天　　　摘　　　荷花

三、根据课文内容填空

1. 天上的风筝有_____的中国风筝，_____外国的风筝。

2. 夏天，河里的荷花开了，_____是白的，_____是粉的，非常漂亮。

3. 秋天，在中国的北方，天变得_____高，也_____蓝。

4. 海南岛一年四季都是温暖又美丽的，大海是_____的，沙滩是_____的，椰树是_____的。

四、读读写写

又说又笑　　　　又唱又跳　　　　不冷不热

不高不低　　　　各种各样　　　　五颜六色

五、选择适当的词语填空

| 不　　没 |

1. 从学校到中山公园_____远。

2. 昨天我_____去老师家。

3. 明天我_____去看电影，要去买东西。

4. 上星期六晚上我_____想去跳舞，可是今天想去。

5. 他每天中午_____睡觉。

6. 我很累，现在_____想去买东西，你和她一起去吧。

7. 昨天下雨了，所以我_____来学校上课。

8. 她很喜欢说汉语，可是她_____喜欢写汉字。

9. 你昨天写_____写汉字？今天有听写。

10. 老虎_____吃草（cǎo grass），它常常吃小动物。

11. 昨天我考试考得不好，我很_____高兴。

12. 昨天晚上我_____吃晚饭，因为我的身体_____舒服。

13. A：皮尔，你昨天在_____在宿舍？

　　B：我昨天_____在宿舍，我去游泳了。

14. 明天我_____去动物园，我去买东西。

六、模仿例子用"了"完成句子

例：春天来了，花开了。

1. 昨天晚上雨还下得很大，可是现在雨_____。

2. 原来我不明白他为什么要那么做，不过后来我_____。

3. 明天又有一场数学考试，小明回家后就开始_____。

4. 这个问题终于_____，我们都松了一口气。

5. 刚来上海的时候他还没有工作，现在他_____。

七、完成句子

1. 这个女孩子_____又_____，_____又_____，我们都喜欢她。
2. 从来中国开始，_____。
3. 从春天开始，_____。
4. 明天天气很冷，你要多穿衣服，另外_____。
5. 上海很大，很漂亮，另外_____。
6. 公园有很多人，有的_____，有的_____。
7. 课间休息的时候，同学们有_____的，有_____的。

八、根据自己的情况回答问题

1. 你今年多大了？
2. 你来中国多长时间了？
3. 你学习汉语几年了？
4. 上个周末你去哪儿了？
5. 昨天的作业你做了吗？
6. 今天你上口语课了吗？
7. 老师讲的你都听懂了吗？

九、阅读理解

小刘和老刘

小刘到上海来打工，要租房子。他从报纸上看到中山公园附近有房子出租，不但租金便宜，而且房间大小也很合适。他马上打电话和房东约好了看房的时间。

房东是位七十多岁的老人，也姓刘。这房子很老，共两层。老刘住一楼，二楼出租。老刘不喜欢爱吸烟的或者爱喝酒的人。小刘不吸烟也不喝酒，所以他很快拿到了钥匙。

一个月过去了，老刘对这个年轻人没什么意见，只有一样不满意。原来小刘工作很忙，常常半夜回家。他一开门，就跑上二楼，进了房间就脱了鞋扔在地上，咚咚两声把楼下正睡觉的老刘吓醒。这样又过了一个月，老刘不高兴了，一大早就去敲门找小刘。

"你晚上回来不要扔鞋好吗？"老刘说。

"真对不起，我下回一定注意。"小刘很不好意思地说。

这天晚上，小刘又回来晚了。他一进房间就把一只鞋扔在地上。突然，他想起老刘的话，就把第二只鞋轻轻放在地上。

第二天一早，老刘就在楼下喊："小伙子，你还是快搬家吧！以前你扔两只鞋，扔完了我就安心了。可是昨天你只扔了一只鞋，我一直等着你扔第二只，结果一夜没睡。"

■ **阅读上文，然后做下面的练习**

（一）判断下列句子是否正确

1. 房东和小刘同姓。 （　　　）

2. 老刘告诉小刘以后不要太晚回家。 （　　　）

3. 小刘扔了两只鞋以后才想起老刘的话。 （　　　）

4. 老刘希望小刘搬家，因为他不爱干净。 （　　　）

（二）选择正确答案

1. 小刘马上打电话和房东约好了看房的时间。"房东"的意思是：（　　　）

　　A. 租别人房子的人　　　　　　　　B. 出租房子的人

　　C. 住房子东面的人　　　　　　　　D. 房子东边

2. 一个月后，老刘为什么不高兴，一大早就去敲门找小刘？（　　　）

　　A. 因为小刘每天回来太晚了　　　　B. 因为小刘不脱鞋睡觉

　　C. 因为小刘扔鞋的声音太大，惊醒了老刘　　D. 因为小刘爱抽烟喝酒

3. 老刘为什么一夜没睡？（　　）

    A. 他等小刘回家

    C. 他等小刘扔第一只鞋

    B. 他等小刘扔第二只鞋

    D. 他等小刘搬家

十、表达练习

你最喜欢你们国家的哪个季节？举例说明。

副课文

打扫房间

我去杰克房间的时候，他正在打扫房间。我问他为什么要打扫房间。他说，房间太乱了，衣服太多了，书也没地方放了。还有，他的女朋友明天就要到中国来看他了，所以，如果房间太乱的话，他会很不好意思的。

第二天我又去找杰克，他还在打扫房间。他说房间里面的东西太多了，昨天没有打扫完，今天还得继续收拾。

可怜的杰克。如果平时多打扫，现在就不会这么忙了。

生词

1. 打扫	dǎsǎo	[动]	to clean
2. 乱	luàn	[形]	mess
3. 放	fàng	[动]	to put
4. 继续	jìxù	[动]	to continue
5. 收拾	shōushi	[动]	to put in order

回答问题

1. 杰克为什么打扫房间？

2. 你常常打扫你的房间吗？

3. 打扫房间的时候，都要做些什么？

第十课　逛"OK"街

一

去年夏天我到北京玩儿了一个星期。那一段日子给我印象最深的是"OK"街。我是从课本上知道"OK"街的。它本来是一条没有名气的小街，长不过160米，宽不过15米。可是这几年，这条小街的名声越来越大，成了一条热闹的商业街。因为它在使馆区里，外国人常常光顾这里，常常说"OK"，所以人们就给它起了个外号，叫"OK"街，它的真名"秀水东街"大家反而很少知道了。

很多人来这儿买东西，我想是因为这儿卖的东西吸引人。就拿服装来说，这条街上服装的颜色和款式又多又漂亮，在一般市场上很难买到。要问这里的服装到底有多少种，谁也说不清楚。价钱也比较合理，并且这儿的服务态度好。卖东西的人都微笑着和你说话，有的人还会说英语，说得很不错。我买了很多东西，还想买商店服务员穿的那种衣服，上面写着"秀水乐"和"OK",非常有意思，不过没有买到。

在上海也有一个和"OK"街差不多的地方，叫"襄阳市场"。很多到上海来的外国朋友都知道这个地方，也都喜欢去这个地方，那儿有很多有趣的东西。如果你有时间，一定要去那里看看。

（改编自武汉大学日本留学生松井爱歌《逛"OK"街》）

二

汤姆：好久不见，国庆节你打算怎么过？

海伦：我想和朋友一起去旅游，可是还没有决定去哪儿。你说去哪里好呢？

汤姆：去杭州吧。前年暑假，我们全家去了一次杭州，给我留下了难忘的回忆。

海伦：听说杭州是个美丽的城市，游览杭州需要几天？

汤姆：不超过三天。上次我们在杭州住了两天，游览了西湖，参观了灵隐寺、龙井村，还品尝了许多有名的小吃。

海伦：真是一次愉快的旅行啊！我不知道除了美丽的风景，原来杭州还有那么多好玩儿的地方。那我真要去看看了。对了，你还没有告诉我怎么去呢，是乘火车还是汽车？

汤姆：火车和汽车都可以，不过火车比较快。

海伦：那我和朋友商量了以后再做决定。谢谢你的帮助。

汤姆：不用客气。祝你玩儿得愉快！再见。

海伦：再见。

生词

1. 日子	rìzi	[名]	day
2. 印象	yìnxiàng	[名]	impression
3. 最	zuì	[副]	most
4. 深	shēn	[形]	deep
5. 本来	běnlái	[副]	originally, essentially
6. 过	guò	[动]	to surpass
7. 宽	kuān	[名、形]	broad, wide
8. 名声	míngshēng	[名]	popularity
9. 热闹	rènao	[形]	bustling
10. 商业街	shāngyèjiē	[名]	business street
11. 使馆	shǐguǎn	[名]	embassy
12. 光顾	guānggù	[动]	to patronage
13. 外号	wàihào	[名]	monicker
14. 反而	fǎn'ér	[连]	on the contrary, instead
15. 吸引	xīyǐn	[动]	to attract
16. 服装	fúzhuāng	[名]	costume
17. 款式	kuǎnshì	[名]	style
18. 一般	yìbān	[形]	commonly
19. 市场	shìchǎng	[名]	market
20. 种	zhǒng	[量]	kind
21. 清楚	qīngchu	[形]	clear
22. 价钱	jiàqian	[名]	price
23. 比较	bǐjiào	[副]	rather
24. 合理	hélǐ	[形]	reasonable
25. 并且	bìngqiě	[连]	and
26. 态度	tàidu	[名]	attitude

27.	微笑	wēixiào	［动］	to smile
28.	有的	yǒude	［代］	some
29.	服务员	fúwùyuán	［名］	waiter
30.	差不多	chàbuduō	［形、副］	almost

专名

1.	秀水东街	Xiùshuǐ Dōngjiē	name of a street
2.	襄阳市场	Xiāngyáng Shìchǎng	Xiangyang Market
3.	西湖	Xī Hú	West Lake
4.	灵隐寺	Língyǐn Sì	Lingyin Temple
5.	龙井村	Lóngjǐng Cūn	Longjing Village

语言点

助词"了"

1. 放在动词或形容词后面，表示动作行为的发生或完成以及状态的出现，既可用于过去，也可用于将来。例如：

(1) 昨天我看了三个小时电视。

(2) 我去北京玩儿了一个星期。

(3) 昨天睡觉前，妈妈给林林讲了一个故事。

(4) 天快黑了，你就不要出门了。

(5) 北京香山的红叶红了。

(6) 她房间的灯亮了一会儿。

当句子中有两个谓词性短语，"了"用在第一个谓词性短语中时，表示事情发生在将来。例如：

（1）明天吃了饭我们就去看电影吧。

（2）你当了总经理可别忘了我们。

2. 其否定形式为"没有"或者"没"。例如：

（1）上星期六我去了王方家——→上星期六我没去王方家。

（2）昨天我们参观了博物馆——→昨天我们没有参观博物馆。

练习

一、根据课文内容判断下列句子是否正确

1. 北京的 "OK" 街就是 "秀水东街"。　　　　　　　　（　　）

2. 北京的 "OK" 街长不过 120 米，宽不过 15 米。　（　　）

3. 在上海也有一个和 "OK" 街差不多的地方，叫 "七浦路市场"。（　　）

4. 我买了很多东西，有商店服务员穿的那种衣服，上面写着 "秀水乐" 和 "OK" 的。　　　　　　　　　　　　　　　　　　　（　　）

二、根据课文内容填空

1. 去年夏天我在北京_____了一个星期。

2. 我_____在课本上_____ "OK" 街的。

3. 很多人来这儿买东西，我想是_____这儿卖的东西_____人。

4. 我买了很多东西，还想_____商店服务员_____的那种衣服。

三、根据课文内容选择正确答案

1. 很多人去"OK"街，是因为＿＿＿＿＿。
   - A. 小街的名声大
   - B. 外国人常常在那里买东西
   - C. 那儿的东西吸引人

2. 上海也有一个和"OK"街差不多的地方，叫＿＿＿＿＿。
   - A. 襄阳市场　　　　B. 无名小街　　　　C. 秀水东街

3. 下列哪一项不是"OK"街名声大的原因？
   - A. 服装款式多　　　B. 服务态度好、价钱便宜　　　C. 小街很短

四、回答问题

1. 北京的"秀水东街"为什么叫"OK"街？
2. 作者是从什么地方知道"OK"街的？
3. 卖东西的人会说英语吗？
4. 在上海也有一个和"OK"街差不多的地方，是什么地方？
5. 汤姆在杭州待了几天，干了些什么？
6. 海伦什么时候去旅游？
7. 如果想去杭州的话，可以乘什么交通工具？哪个比较快？
8. 你还知道哪些中国著名的旅游景点？请你谈谈对它们的印象。

五、读拼音写汉字

tàidu　　　（　　　）　　fúwùyuán（　　　）　　fúzhuāng（　　　）

jiàqian　　（　　　）　　kuǎnshì　（　　　）　　rìzi　　　（　　　）

shāngdiàn（　　　）　　wàihào　（　　　）　　shìchǎng（　　　）

六、填写量词

一＿＿＿＿街　　一＿＿＿＿服务员　　一＿＿＿＿地方　　一＿＿＿＿衣服

一＿＿＿＿日子　　一＿＿＿＿星期　　一＿＿＿＿外号　　一＿＿＿＿方法

七、用给出的词语填空

吸引　光顾　热闹　印象　反而　使馆　一般　价钱　微笑

1. 林林是个快乐的孩子，她的脸上每天都带着_____。

2. 昨天我去参加了好朋友的婚礼，真_____啊。

3. 这个_____实在太贵了，再便宜点儿吧。

4. 杭州给我留下了非常美好的_____。

5. 老王的家最近，可他_____最后一个到。

6. 过了这条马路，再左转，就能看到_____区了。

7. 这家店的东西都很有_____力，我们都常常_____。

8. _____来说，他的话都是可以相信的。

八、选择适当的词语填空

有的　一些

1. 昨天我去学校西门买了_____水果。

2. 我们班同学不都喜欢学习汉语，_____来上课，_____不来上课。

3. 我有很多书，_____是中文书，_____是英文书。

4. 每天早上我都吃早饭，食堂里面有各种早饭，_____我喜欢吃，_____我不喜欢吃，今天早上我吃了_____面包，喝了_____牛奶。

5. 老师，请给我_____时间，我可以给你造一个句子（jùzi sentence）。

本来　原来

1. _____你就是这个饭店的老板啊！

2. 他_____可以通过这次考试的，可是他没有好好复习。

3. 张老师_____住得很远，现在住在学校附近。

合理　合适

1. 我认为你的这种说法不_____。

2. 这件衣服穿在她的身上正_____。

3. 关于这件事，请你给我一个_____的解释。

种　样

1. 你有这_____想法可不是一件好事啊！

2. 明天她就要出国了，她妈妈特地为她做了好几_____菜。

3. 昨天小李告诉我，他和他的同屋是两_____人。

常常　往往

1. 他_____每天早上 8 点出门，晚上 9 点回家。

2. 胖的人_____不喜欢夏天。

3. 请你_____来我家做客吧。

九、改错

1. 张红唱歌得真好听！

2. 我没看了电影就去银行了。

3. 我常常看到了他在运动场打网球。

4. 他以前当了老师，现在他是护士。

5. 我昨天在动物园看见了大熊猫了。

6. 星期六早上我八点起了床，九点吃了饭。

十、表达练习

你来中国以后去过哪些地方？请选择你最喜欢的一个地方介绍给大家。

副课文

逛南京路

来中国以后，我去了很多地方。现在我住在上海，上个星期，我去了上海很有名的地方：南京路。南京路是一条步行街，在人民广场的附近。那儿离我们学校不太近也不太远。南京路是上海最热闹的地方，商店很多，人也很多。从南京路的这边走到外滩，我用了很长时间，虽然很累，但是我发现外滩的建筑物很有特色，夜景很漂亮。在外滩的边上，我吃了晚饭，还喝了咖啡，看了漂亮的景色。

生词

1. 步行街	bùxíngjiē	［名］	pedestrian street
2. 建筑	jiànzhù	［名］	architecture
3. 特色	tèsè	［形］	characteristic
4. 外滩	Wàitān	［专名］	the Bund

回答问题

1. 上海的南京路有什么特点？
2. 你去过哪些大城市？都给你留下了什么印象？

第十一课　我的周末

一

上个周末我去周庄玩儿了两天。星期六早上刚七点我就起床了，吃了饭就急忙往车站走，一到车站就看见麦克已经到了，正在那儿找我呢。那天的天气好极了，我们的心情也愉快极了。

我们两个小时以后就到周庄了。周庄是一个有江南水乡特色的小镇，漂亮极了。整个小镇河道相连，人们叫它"东方威尼斯"。

在周庄，我们吃了很多有特色的小吃，买了很多有意思的东西，还坐船游览了周庄的河道，因为有中国朋友早就告诉我，到周庄一定要乘船游览周庄的河道。在游船上，我们看到了小河两岸的江南民居，白色的墙，黑色的屋顶，非常漂亮，还看到了几个妇女在岸边洗衣服，是一幅非常美的风景画。

　　周庄保存了 14 座中国古代建造的石桥。其中最有名的就是双桥。双桥是由两座桥组成的，桥身一横一竖，桥洞一方一圆，样子十分像古时候的钥匙，很有趣，听说当地人也叫它"钥匙桥"。

　　晚上，我们找了一家当地人开的小旅馆，旅馆不大，但是非常干净，也很舒服。我和麦克聊了一会儿天就睡觉了。周庄的空气很好，我们睡得舒服极了。

　　第二天下午我们才回上海，我觉得周庄真的很不错，我还想再去一次！

（改编自《课外美文》，江苏教育出版社，2001 年 1 月）

二

　　汤姆：昨天晚上你做什么了？
　　玛丽：昨天晚上我看电视了。

汤姆：你都看了些什么节目？

玛丽：我看了音乐节目、时尚节目还有真人秀什么的。看了
　　　电视就睡觉了。你做什么了？

汤姆：昨天晚上我和朋友去学校外面的饭店吃饭了。我喝了
　　　几瓶啤酒，吃了很多菜。吃了晚饭，朋友们都去跳舞
　　　了，我和我的女朋友去电影院看了一场电影。

玛丽：哈哈，你的生活很丰富嘛！

生词

1. 急忙	jímáng	[形]	hurry
2. 往	wǎng	[介]	towords
3. 游览	yóulǎn	[动]	sight-see
4. 镇	zhèn	[名]	town
5. 船	chuán	[名]	boat
6. 河道	hédào	[名]	riverway
7. 沿	yán	[动]	along
8. 相连	xiānglián	[动]	be joined
9. 乘	chéng	[动]	take
10. 民居	mínjū	[名]	folk house
11. 岸	àn	[名]	bank
12. 墙	qiáng	[名]	wall
13. 屋顶	wūdǐng	[名]	roof
14. 妇女	fùnǚ	[名]	women
15. 保存	bǎocún	[动]	to keep
16. 古代	gǔdài	[名]	ancient
17. 建造	jiànzào	[动]	to buil

18. 由……组成	yóu……zǔchéng	[动]	make up of
19. 横	héng	[名]	transverse
20. 竖	shù	[名]	erect
21. 洞	dòng	[名]	hole
22. 方	fāng	[形]	square
23. 圆	yuán	[形]	circle
24. 当地	dāngdì	[名]	local

专名

1. 周庄	Zhōuzhuāng	Zhou Zhuang Village，China
2. 东方	Dōngfāng	the Orient
3. 威尼斯	Wēinísī	Venice
4. 江南水乡	Jiāngnán Shuǐxiāng	the south of the lower reaches of the Yangze River
5. 双桥	Shuāngqiáo	Shuang Bridge

语言点

一、助词"了"

在一个句子中，如果动词后面的"了"后有补语，后面又没有别的小句时，表示这个动作已经完成。例如：

(1) 这本书我看了三天。（书已经看完了）

(2) 这些衣服我洗了一下午。（衣服已经洗完了）

如果一个句子中动词后面有"了"，句尾又有"了"，同时后面没有别的小句时，时量补语表示已经持续的时间。例如：

 （1）这本书我看了三天了。（书还没有看完）

 （2）这些衣服我洗了一下午了。（衣服还没洗完）

二、就

1. 用在第二个动词的前面，表示两件事情紧接着发生。例如：

（1）吃了晚饭，我的朋友们就去跳舞了。

（2）我睡一会儿就去吃饭，你们先吃吧。

（3）他每天什么都不做，睡了就吃，吃了就睡，所以越来越胖了。

2. 表示强调，加强肯定的语气。例如：

（1）这里就是我的家乡。

（2）这里的春天就是这样。

（3）我就不去！

3. 表示动作或者行为马上就要发生。例如：

（1）对不起，请等我一会儿，我就来。

（2）听到说话声，她马上就知道是妈妈回来了。

三、"就"和"才"

"就"强调事情发生得"快""早""时间短""顺利"，在句子的末尾常常加"了"。"才"强调事情发生得"慢""晚""时间长""不顺利"，句子末尾常常不加"了"。例如：

（1）我每天只要一个小时就写完老师留的作业了。

（2）我每天五点半就起床了，麦克十点才起床。

（3）现在刚四点，邮局五点半才关门呢。

（4）她花了很长时间，才看懂这几个字。

练习

一、根据课文内容判断下列句子是否正确

1. 人们叫周庄"水上威尼斯"。 （　　）
2. 周庄保存了 12 座古代建造的石桥。 （　　）
3. 周庄最有名的桥是"双桥"。 （　　）
4. 我们是坐火车去周庄的。 （　　）
5. 我们在周庄住了两个晚上。 （　　）
6. 我们在周庄玩儿得很愉快。 （　　）
7. 汤姆晚上吃了饭就去跳舞了。 （　　）
8. 汤姆的生活很丰富。 （　　）

二、根据课文内容填空

在周庄，我们吃了很多有＿＿＿＿＿的小吃，买了很多＿＿＿＿＿的东西，还坐船＿＿＿＿＿了周庄的河道，因为有中国朋友早就告诉我，到周庄一定要＿＿＿＿＿船游览周庄的河道。在游船上，我们看到了小河两岸的江南民居，＿＿＿＿＿的墙，＿＿＿＿＿的屋顶，非常漂亮，还看到了几个妇女在岸边洗衣服，是一＿＿＿＿＿非常美的风景画。

三、回答问题

1. 人们为什么叫周庄"东方威尼斯"？
2. 为什么双桥又叫"钥匙桥"？
3. 我们为什么喜欢周庄？
4. 昨天晚上汤姆做什么了？

四、读读写写

横	竖	方	圆	急忙	特色
游览	保存	古代	建造	组成	钥匙

五、选择适当的词语填空

就　才

1. 我们每天八点半上课，安娜七点半_____来教室了，杰克九点_____来。

2. 从学校到中山公园，坐公共汽车五分钟_____到了，骑自行车二十五分钟_____能到。

3. 她写汉字写得很慢，三分钟_____能写出一个汉字。

4. 王方和杰克十年以前_____认识了，他们是非常好的朋友。

5. 玛丽洗澡洗得很慢，两个小时_____洗完。

6. 我等了半天我的朋友_____来。

对　向　往　在　从

1. 我们的学校_____北京。

2. 我明天不能去上课了，你能帮我_____老师请个假吗？

3. 去中山公园应该_____这边走，不能_____那边走。

4. 运动场就_____教学楼旁边。

5. 你一直_____前走，就到西门了。

6. _____北京到香港可以坐火车，也可以坐飞机。

7. A：你_____哪儿来？

　　B：我_____老师家来。

8. 我朋友常常_____我说同一句话。

刚　刚才

1. 他_____来你就走吗？

2. _____我看见王方的姐姐来找他。

3. _____外面在下雨，现在不下了。

4. 我_____来中国的时候，一句汉语也不会说。

5. 老师_____讲的问题你懂了吗？

6. 我觉得现在比_____好多了，不用去医院了。

六、在恰当的地方加入"了"

1. 昨天是周末，我十点才起床。起床以后，我喝一杯牛奶，吃一点儿面包，就开始准备考试。下个星期我们的阅读课有考试。老师说，我们学这么多东西，如果不复习，很快就会忘，所以我很认真地看三个小时书。

中午的时候，我的朋友来。我们聊一会儿天，然后一起吃午饭。因为起床起得很晚，所以我只吃一点点。吃完午饭，我又看一会儿书。我觉得有点儿累，所以决定去运动场跑一会儿步。跑步的时候，我看到我的同学麦克，我问他有没有准备考试，他说，他全都准备好。他打算跑完步就去美术馆看画展去。我决定和他一起去。

晚上回到宿舍已经八点。我洗一个澡，听一会儿音乐，然后再一次开始复习汉语。

2. A：昨天你去哪儿？

B：我去南京路买东西。

A：你买什么？

B：我买一条裙子，还买一件衬衫，你去哪儿？

A：上午我没出去，在宿舍睡觉，我睡觉睡四个小时。下午我去动物园，看大熊猫，还去电影院看一场电影。

七、用"一……就……"完成句子

1. 他非常聪明，老师讲的东西，他_____。

2. 我太累了，一回家_____。

3. 我一下飞机_____。

4. 中山公园很近，_____。

5. 他一看见我_____。

八、改错

1. 三年前，我开始了学习汉语。

2. 昨天我没有去老师家玩儿了。

3. 上个周末我们去了动物园看了很多动物。

4. A：昨天你做了什么？

　　B：我去商店买了东西。

　　A：你买了什么？

　　B：我买一件衣服和一条裤子了。

5. 他昨天买了衣服。

6. 以前他常常来看了我。

7. 我去了超市买东西。

8. 今天早上，我喝一瓶牛奶，吃一个包子。

9. 他以前身体不好，常常生病了。

10. 上个星期天我没有写了汉字。

九、把下列词语整理成句子

1. 到　他们　了　上海　下车　就　了

　　_____

2. 他　汉语　了　一年　学

　　_____

3. 她　我　但是　一会儿　没　了　来　等

　　_____

4. 早上　我　牛奶　喝　还　面包　吃　了　一杯　了　一个

　　_____

十、表达练习

说说你最愉快的一个周末。

副课文

长寿的秘密

　　王老先生过百岁生日时，人们见他红光满面，身体十分健康，就请他讲一讲长寿的秘密。他笑着说："75 年前我结婚的时候，太太和我约定，如果我们吵架，最后证明谁错了，谁就到院子里去散步。75 年来，我一直是在院子里散步的。"

生词

1. 红光满面	hóngguāng mǎnmiàn		in ruddy health
2. 健康	jiànkāng	[形]	healthy
3. 秘密	mìmi	[名]	secrete
4. 约定	yuēdìng	[动]	to engage
5. 吵架	chǎo jià		to quarrel
6. 证明	zhèngmíng	[动]	to prove
7. 散步	sàn bù		take a walk

回答问题

1. 王老先生长寿的秘密是什么？
2. 王老先生为什么经常散步？
3. 王老先生多大年纪结的婚？在中国，青年男女一般多大年纪结婚？

第四单元

七彩生活篇

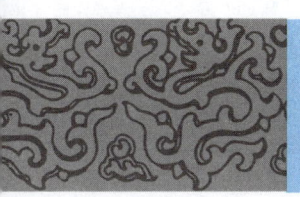

第十二课　可爱的大熊猫

一

　　我去过很多地方，现在我在上海留学。上个周末，我和我的朋友一起去了上海动物园。来中国以前我从来没有见过大熊猫，这次，我见到了可爱的大熊猫。大熊猫是一种非常特别的动物，听说目前全世界的大熊猫不到 1000 只，200 多个国家和地区只有在中国的四川、陕西、甘肃部分地区才能找到它们，所以，大熊猫是中国的国宝。

　　我看到它的毛很特别，有黑色和白色两种颜色，头和身体是白的，眼睛、耳朵和脚是黑色的。它的头圆圆的，眼睛很小，但是周围却有一个大大的黑眼圈，看上

去好像戴着一副墨镜，非常可爱。它的身体胖胖的，走路时慢慢的，好像没有什么着急的事。

　　大熊猫喜欢吃新鲜的竹叶。也许你还不知道，在几百万年以

前，大熊猫和老虎、狮子一样是吃肉的，但是后来随着生活环境的变化，为了生存，它们渐渐变成吃竹子了。

大熊猫曾作为"和平大使"去过美国、法国、英国、德国等国家，受到了世界各国人民的喜爱。

在上海动物园，我看到了以前没有见过的大熊猫，还了解到了以前没有学过的知识，真是太高兴了！

二

麦克：你去过上海动物园吗？

玛丽：我上个星期刚刚去过一次。你呢？

麦克：我没去过，那儿怎么样？

玛丽：很不错！我看见了大熊猫！来上海以后你去过什么地方？

麦克：我去过外滩、新天地、城隍庙什么的。

玛丽：城隍庙怎么样？我还没有去过。

麦克：我去过好几次了。那儿很有意思，有各种有中国特色的东西。

玛丽：下个周末我也要去城隍庙看看。

生词

1.	过	guo	[助]	an auxiliary word
2.	动物园	dòngwùyuán	[名]	zoo
3.	大熊猫	dàxióngmāo	[名]	panda

4.	目前	mùqián	[名]	at present
5.	全	quán	[形]	all
6.	地区	dìqū	[名]	area
7.	国宝	guóbǎo	[名]	national treasure
8.	毛	máo	[名]	fur
9.	黑色	hēisè	[名]	black
10.	白色	báisè	[名]	white
11.	耳朵	ěrduo	[名]	ear
12.	脚	jiǎo	[名]	foot
13.	却	què	[副]	but
14.	眼圈	yǎnquān	[名]	eye socket
15.	好像	hǎoxiàng	[动]	to like
16.	戴	dài	[动]	to wear
17.	副	fù	[量]	a measure word
18.	墨镜	mòjìng	[名]	sunglasses
19.	老虎	lǎohǔ	[名]	tiger
20.	狮子	shīzi	[名]	lion
21.	肉	ròu	[名]	meat flesh
22.	后来	hòulái	[名]	latter
23.	环境	huánjìng	[名]	environ ment
24.	变化	biànhuà	[动]	to change
25.	为了	wèile	[介]	for
26.	生存	shēngcún	[动]	to exist
27.	竹子	zhúzi	[名]	bamboo
28.	曾	céng	[副]	ever, once
29.	作为	zuòwéi	[动]	by way of
30.	和平	hépíng	[名]	peace
31.	大使	dàshǐ	[名]	ambassador
32.	人民	rénmín	[名]	people

专名

1. 四川	Sìchuān	Sichuan province, China
2. 陕西	Shǎnxī	Shaanxi Province, China（capitol city is Xi'an）
3. 甘肃	Gānsù	Gansu province, China
4. 德国	Déguó	Germany
5. 法国	Fǎguó	France
6. 英国	Yīngguó	United Kingdorn
7. 新天地	Xīntiāndì	Xintiandi Market
8. 城隍庙	Chénghuángmiào	Chenghuang Temple

语言点

一、形容词重叠

形容词重叠，常常表示某种状态。例如：

（1）她的眼睛大大的。

（2）她今天穿得漂漂亮亮的。

二、助词"过"

动态助词"过"放在动词后面，表示曾经在过去发生，强调经验，否定式是"没有＋动词＋过"。如果动词后面有宾语，宾语一定要放在"过"后面。例如：

（1）我去过北京。

（2）他没有去过北京。

（3）你去过北京吗？（你去没去过北京？/你去过北京没有？）

练习

一、根据课文内容判断下列句子是否正确

1. 我去过很多地方，现在我在北京留学。 （　　）
2. 上个周末，我和我的朋友一起去了上海动物园。 （　　）
3. 来中国以前，我从来没有见过大熊猫，这次，我见到了可爱的大熊猫。 （　　）
4. 大熊猫曾作为"可爱大使"去过美国、法国、英国、德国等国家，受到了世界各国人民的喜爱。 （　　）

二、根据课文内容填空

大熊猫的毛很_____，有黑色和白色两种颜色，头和身体是白的，眼睛、耳朵和脚是黑色的。它的头_____，眼睛很小，但是周围却有一个_____黑眼圈，看上去好像戴着一副墨镜，非常可爱。它的身体_____，走路时_____，好像没有什么着急的事。

三、回答问题

1. 现在世界上还有多少只大熊猫？生活在什么地方？
2. 为什么说大熊猫是中国的国宝？
3. 大熊猫喜欢吃什么？
4. 在几百万年以前，大熊猫吃什么？它们后来为什么吃竹子了？

四、读读写写

动物园	大熊猫	地区	国宝	墨镜
环境	大使	环境	变化	生存
渐渐	和平	人民	目前	

五、在空格中填入合适的词

_____的眼镜　　　_____的音乐　　　_____的汉字　　　_____的篮球

_____的咖啡　　　_____的汉语　　　_____的录音　　　_____的东西

一_____画　　　一_____眼睛　　　一_____电影　　　一_____学校

一_____老师　　　一_____大熊猫　　　一_____老虎　　　一_____黑眼圈

六、用给出的词语填空

> 目前　环境　变化　为了　渐渐　曾　作为　后来

1. 现在大家都觉得_____问题是我们生活中很重要的一个问题。

2. 因为天气的_____，很多学生都生病了。

3. _____找到她想要的那件的衣服，她跑了周围所有的商店。

4. 我刚来北京的时候，不习惯这里的天气，现在我_____习惯了。

5. 这个地方以前_____是我家，_____，我家搬到了很远的地方。

6. _____学生，我们不应该总是迟到。

7. _____我还不知道她的身体怎么样了，希望她能够早点儿好！

8. 我和麦克十年没有见过了，他的_____真大，我都快不认识了。

七、选择适当的词语填空

> 都　全

1. 我们班同学_____喜欢这位老师。

2. _____国人都知道他，他是个非常有名的人！

3. 这个问题我们_____不会，只有麦克知道怎么回答。

4. _____书只有三篇课文是我学过的，其他的都没有学过。

> 但是　却

1. 太阳很好，天气_____有点儿冷。

2. 我想在寒假出去旅游，_____现在我的钱还不够。

3. 我说过好几次，可是你_____从来不听。

4. 你的主意很好，_____做的时候不太容易。

1. 作业我_____做完了。妈妈，我可以看一会儿电视吗？

2. 我_____见过你，但是在什么地方呢？我一点儿也想不起来了。

3. 我_____不喜欢吃中国菜，但是现在我习惯了。

4. 妈妈，我_____23 岁了，为什么还是不能自己做决定？

1. 来中国_____，我认识了很多新朋友。

2. 这件事情现在我还不能回答你，_____再说吧。

3. 我们先去了北京，_____又到了上海、广州和武汉。

4. 我以为你是王方的妹妹，_____才知道，原来你是他姐姐。

八、根据自己的情况回答问题

1. 你以前来过中国吗？

2. 来中国以后你去过什么地方？

3. 你学过"特别"这个词吗？

4. 你看过中国电影吗？你看过几部中国电影？

5. 你会唱中文歌吗？你学过几首中文歌？

6. 你去过动物园吗？去过几次？

7. 你学过几种语言？

九、完成句子

1. 她的笑，像_____。

2. 那件衣服很旧，好像_____。

3. 她的眼睛哭得红红的，好像_____。

4. 春天来了，花开了，草绿了，景色好像_____。

5. 随着_____，人民的生活越来越好。

6. 随着汉语水平的提高，_____。

7. 随着春天的到来，_____。

8. 为了可以说一口流利的汉语，_____。

9. 为了看起来更漂亮，_____。

10. 为了暑假能去北京旅游，_____。

11. 为了减肥，_____。

十、改错

1. 我常常看到了他在图书馆学习汉语。

2. 我去北京看长城过。

3. 我爸爸去过北京，还没有回上海。

4. 他以前在美国学了汉语一年，现在在华东师范大学学习。

5. 我打电话给你过，可是你不在。

6. 我来到中国后来，喜欢喝茶了。

7. 周末我们去踢足球，以后我和朋友一起聊天、看电影。

十一、把下列词语整理成句子

1. 你 过 打 我 电话 吗 昨天 给

   _____

2. 去 我 做客 朋友 家 过 中国

   _____

3. 我们 过 这 新 参观 个 图书馆 昨天

   _____

4. 我 音乐 中国 看 过 电影 也 没有 听 过 没有 中国

   _____

5. 我 看 电影 没 中国 就 银行 了 去

   _____

十二、表达练习

你喜欢动物吗？介绍一种你最喜欢的动物。

副课文

偷东西的猴子

在西山，生活着100多只猴子，它们经常到附近偷吃苹果。红红的苹果越来越少了，果园的主人非常着急。

今天，猴子不但在果园吃了苹果，还偷了果园主人的东西。果园的主人非常生气，用石头打它们，可是猴子也学着果园主人的样子用石头打他。果园的主人对它们做鬼脸，它们也学着果园主人的样子做鬼脸。

果园的主人看到猴子这么喜欢学他的动作，想到了一个好办法：他拿出一瓶酒，假装喝了几口。猴子看见了，也拿起酒瓶喝酒。过了一会儿，猴子都喝醉了。主人拿回了自己的东西。

生词

1.	猴子	hóuzi	[名]	monkey
2.	偷	tōu	[动]	to steal
3.	苹果	píngguǒ	[名]	apple
4.	石头	shítou	[名]	stone
5.	鬼脸	guǐliǎn	[名]	mop
6.	酒	jiǔ	[名]	wine
7.	醉	zuì	[动]	intoxicated

回答问题

1. 猴子常常做什么坏事？

2. 果园的主人用什么方法拿回了自己的东西？

3. 你认为什么动物最聪明？

4. 你最喜欢什么动物？为什么？

第十三课　林林和他的母鸡

一

　　林林有两只母鸡，一只是白的，一只是黑的。两只母鸡每天都下一颗蛋，林林可高兴了。他非常喜欢那两只母鸡，每天都去看它们。林林今年只有六岁，可是他常常想到一些大人都回答不了的问题。比如："爸爸，母鸡的腿为什么这么短?""妈妈，白母鸡和黑母鸡哪个聪明?"爸爸妈妈不知道该怎么回答。可小林林有自己的答案，他说黑母鸡聪明，因为黑母鸡能下白色的蛋，可是白母鸡不能下黑色的蛋。

　　有一天，家里来了一个喜欢开玩笑的叔叔，小林林问叔叔："叔叔，怎么样才能知道哪个母鸡的年龄大，哪个母鸡的年龄小呢?"叔叔说："这很容易啊，从牙齿就可以知道。"

　　林林说："不对，不对，鸡没有牙齿。"

　　叔叔说："鸡没有牙齿，可是我们有啊。等两只母鸡都煮熟了的时候，你试试就知道了。软的就是小母鸡，硬的就是老母鸡。"

林林跑了，"不，我不想知道他们的年龄了。"

二

麦克：昨天晚上你听录音了吗？

玛丽：听了，可是有很多地方还听不懂。

麦克：你是怎么听的？

玛丽：我是一遍一遍听的，每次都是边听边写。

麦克：我不是这样听的，我是一共听三遍，第一边只是听大概的意思，第二边听细节，第三遍再写下来。

玛丽：这个方法听起来不错。

麦克：想要学好汉语，我觉得最重要的方法是多听多说多练，如果能常常和中国朋友聊天，学得就会快一点儿。

玛丽：嗯，有道理。

生词

1. 只	zhī	［量］	a measure word
2. 母鸡	mǔjī	［名］	hen
3. 下蛋	xià dàn		lay an egg
4. 可	kě	［副］	very
5. 只有	zhǐyǒu	［副］	only
6. 问题	wèntí	［名］	problem
7. 腿	tuǐ	［名］	leg
8. 短	duǎn	［形］	short

9. 聪明	cōngming	[形]	smart
10. 该	gāi	[助动]	should
11. 答案	dá'àn	[名]	key
12. 开玩笑	kāi wánxiào		make a joke
13. 叔叔	shūshu	[名]	uncle
14. 怎么样	zěnmeyàng	[代]	how about
15. 才	cái	[副]	just
16. 能	néng	[助动]	can
17. 年龄	niánlíng	[名]	age
18. 容易	róngyì	[形]	easy
19. 牙齿	yáchǐ	[名]	teeth
20. 等	děng	[动]	to wait
21. 熟	shú	[形]	cooked
22. 试	shì	[动]	to try
23. 软	ruǎn	[形]	soft
24. 硬	yìng	[形]	hard

语言点

一、"是"字句：是 + "的"字短语

"的"字短语是由结构助词"的"附在名词、动词、形容词等后面组成的短语，相当于名词。宾语为"的"字短语的"是"字句，表示归类。例如：

（1）林林家有两只母鸡，一只是白的，一只是黑的。

（2）这位顾客是买衣服的，不是买鞋的。

（3）这些水是喝的，那些水是用来洗脸的。

二、是……的

1. "是……的"一般用于动作已经发生或者完成，并且这个事实已经成为交际双方都知道的信息的情况下，用来强调时间、地点、方式等等。例如：

（1）你是什么时候来中国的？——我是去年来中国的。
（2）这本书你是在哪儿买的？——这本书我是在书店买的。
（3）是谁告诉你的？——是小王告诉我的。

"是……的"句的基本结构有两种：
主语 + 是 + 强调的时间、地点或方式 + 谓语 + （宾语）+ 的。例如：
（1）他是昨天回纽约的。
（2）他是在饭店工作的。

主语 + 是 + 被强调的时间、地点或方式 + 谓语 + 的 + （宾语）。例如：
（1）他是上星期回来的。
（2）他是昨天回的国。
（3）我是骑车去的学校。

2. "是……的"句型的否定形式是"不是……的"。例如：
（1）我们不是骑车去动物园的，是坐公共汽车去的。
（2）他不是和我一起来中国的，是和他的同学一起来的。

三、结果补语

用在动词谓语后面，说明动作或者状态的结果的成分是结果补语。常见的结果补语有"见、完、光、好、懂、到、着（zháo）、住、熟"等等。例如：
（1）衣服洗干净了。
（2）爸爸说的话我记住了。

结果补语的否定形式是用"没"或"没有"进行否定。例如：

（1）老师说的话我没听清楚。

（2）你昨天也去图书馆了？我没有看到你。

补语后面可以用"过""了"，但是不能用"着"（zhe）。例如：

（1）我遇见过张老师。

（2）我们请到了一位明星。

四、动词重叠式：VV = V 一下 = V 一 V

表示时间短、尝试，或者表示随便的、不太正式的。例如：

（1）我们出去走走吧。（走一下/走一走）

（2）让我想想再回答。（想一下/想一想）

（3）你找找，应该就在桌子上。（找一下/找一找）

（4）你试试就知道了。（试一下/试一试）

（5）我随便看看。（看一下/看一看）

重叠形式有：

单音节动词重叠。例如：看（一）看　读（一）读　问（一）问

双音节动词重叠。例如：练习练习　介绍介绍　活动活动

另外，表示心理活动的动词不能重叠。例如：＊喜欢喜欢　　＊怕怕

练习

一、根据课文内容判断下列句子是否正确

1. 林林有两只母鸡，一只是白的，一只是黄的。　　　　（　　）

2. 林林非常喜欢那两只母鸡，每个星期都去看它们。　　（　　）

3. 林林今年只有五岁，可是他常常问一些大人都回答不了的问题。

（　　）

4. 林林说黑母鸡聪明，因为黑母鸡能下白色的蛋，可是白母鸡不能下黑色的蛋。 （　　）

5. 每只母鸡每天下两颗蛋，林林十分高兴。 （　　）

6. 对于林林的问题，爸爸妈妈知道怎么回答，但是他们不说。 （　　）

7. 有一天，林林家来了一个爱笑的叔叔。 （　　）

二、根据课文内容填空

林林有两只母鸡，他每天都去看它们，因为他很_____那两只母鸡。林林常常想到一些大人都_____不了的_____，可是他却有自己的_____。比如，黑母鸡和白母鸡哪个_____？林林觉得黑母鸡_____，因为黑母鸡_____下白色的蛋，可是白母鸡不能下黑色的蛋。

三、回答问题

1. 林林认为白母鸡和黑母鸡哪个聪明？为什么？

2. 喜欢开玩笑的叔叔说怎么样能知道哪只母鸡的年龄大，哪只母鸡的年龄小？

3. 林林最后为什么跑了？

四、读读写写

收到	看到	听到	找到	买到
说完	看完	听完	吃完	做完
说清楚	洗干净	看懂	坐在床上	放在桌子上
想好	写好	做好	借给他	寄到美国

五、用给出的词语填空

问　试　等　喜欢　回答

1. 玲玲的丈夫每天_____她一起回家。

2. 这件衣服你_____一下，看看合适不合适。

3. 老师_____的问题小明_____不了。

4. 妈妈非常_____看电视。

六、选择适当的词语填空

该　应该

1. 时间不早了，_____回家了。

2. 如果你明天又晚回家，妈妈_____生气了。

3. 你不_____这么没有礼貌。

4. 要是冬天也能看到绿树，_____多好啊！

能　会　可以　想　要

1. A：我想买这本书，可是我的钱不够了。

　　B：你_____先用我的钱。

2. 昨天的考试不难，我都_____做。

3. A：你_____说日语吗？

　　B：我不_____说，可是我_____学，你_____教我吗？

　　A：当然_____。

4. 我喜欢吃包子，我_____吃五个；我不喜欢吃面条儿，所以每次只吃一点点。

5. 李老师的女儿_____当大学老师。

6. 这个问题你_____不_____？你_____给我讲讲吗？

7. 小姐，我_____买一双蓝色的鞋，有吗？

8. 小王很聪明，姐姐能做的事，他也_____做。

9. A：我_____吃这个面包吗？

　　B：不能，这个面包是给小朋友们吃的，你是大人了。

10. 老师，您给我们的作业太难了，我不_____做，您_____帮帮我吗？

11. 妈妈，我不_____要这个，我_____要那个，每个小朋友都有那个！

12. 我非常_____通过（tōngguò pass）汉语考试。

七、用"V+到"完成句子

1. 我的笔呢？我_____了！

2. 这些东西请你_____那个桌子上，这个桌子上的东西太多了。

3. 今天我们有考试，昨天我_____两点。

4. 窗外有人在唱歌，你_____了没有？

5. 昨天我去邮局取包裹，但是没有_____。

6. 这封信你想_____哪儿？

7. _____家，我觉得太舒服了。

8. 小王，这个传真是要_____日本的。

9. 我从宿舍_____中山公园，累极了。

10. 那本杂志你_____了没有？

11. 昨天我_____了妈妈的信。

12. 我给你的东西你_____了吗？

八、用"到、清楚、干净、见、完、错、懂、对、晚、在"填空

1. 我洗衣服总是洗不_____。

2. 老师说什么了？我没听_____。

3. 昨天小王来找你了，他找_____你了吗？

4. 这个问题你回答_____了，不过没关系，现在懂了吗？

5. 昨天上课的时候我来_____了，因为我起床起得很晚。

6. 我可以坐_____你的旁边吗？

7. 刚来中国的时候，我不会说汉语，也听不_____。

8. 老师，这个问题我回答_____了吗？

9. 昨天我写_____作业的时候已经两点了。

10. 皮尔已经一个星期没有来上课了，你看_____过他吗？

九、用"是……的"回答问题

1. 你是什么时候来中国的?

_____

2. 你是从哪个国家来的?

_____

3. 你是什么时候开始学习汉语的?

_____

4. 你的衣服是什么颜色的? 你的裤子是在哪儿买的?

_____

5. 你的汉语是谁教的?

_____

6. 那张照片是什么时候拍的?

_____

7. 你的这件礼物真漂亮,是谁送给你的?

_____

十、把下列词语整理成句子

1. 他　得　写　漂亮　很　汉字　的

_____

2. 懂　不　说　的　话　你　我　听

_____

3. 这个　常常　想　我　你　给　送　你　因为　我　礼物　帮助

_____

4. 考试　的　准备　一定　好　要　明天

_____

5. 好　汉语　学　我们　能

_____

十一、表达练习

说说你小时候的一件有意思的事情。

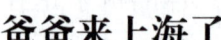

副课文

爸爸来上海了

上个星期，我爸爸来上海了，他是来上海出差的。下课以后我就去机场接爸爸到我的宿舍。看到爸爸我非常高兴。

爸爸给我带来了我的衣服、书什么的，还带来了妈妈做的好吃的。很久没有吃到妈妈做的东西了，我觉得特别幸福。

周末正好是爸爸的生日，我给他买了生日礼物，是在中山公园买的，爸爸很喜欢。

爸爸在上海待的时间不多。分别的时候，我心里有点儿难过，再见到爸爸就是暑假的时候了。我希望暑假快点儿来。

生词

1. 出差	chū chāi		business trip
2. 机场	jīchǎng	[名]	airport
3. 分别	fēnbié	[动]	separate
4. 暑假	shǔjià	[名]	summer vocation

回答问题

1. 爸爸来上海做什么？

2. 爸爸给我带来了什么？

3. 你来中国多长时间了？是怎么来的？想家吗？

4. 爸爸妈妈出差回家时，一般会带些什么礼物给孩子？

第十四课　美丽的葡萄沟

一

我和麦克都喜欢旅游，这个假期，我们去了新疆。新疆在中国的西北部，那里有个地方叫葡萄沟，那儿有很多水果。五月有杏，七八月有梨、桃，九十月份有人们最喜欢的葡萄。

我们先坐火车，然后坐汽车。在车上，当我们看到山坡上有很多葡萄树的时候，我们知道葡萄沟到了。麦克从包里拿出照相机，拍了很多照片，他说要给他的朋友们看。葡萄树的枝叶向四面展开，像一把绿色的伞。在绿叶下面有一大串一大串的葡萄，有红的、白的、紫的、绿的，美丽极了。热情好客的人们摘下很多葡萄让我们尝，那些葡萄甜极了。

葡萄沟的水果特别甜，因为新疆在中国的西北部，冬天冷夏天热，很少下雨。夏天的时候，这里平均每天有十六个小时左右有阳光，同时，旁边的高山上有很多冰和雪，所以这里的植物还有充足的水。因此这里的水果长得特别大也特别甜。

　　葡萄沟的葡萄有的运到城市里面去，有的做成葡萄干。葡萄干是怎么做的呢？他们在四面都有洞的房间里面放很多葡萄，这种房间没有屋顶，一串一串的葡萄都挂在木架子上，风从房间的洞吹进来，葡萄中的水分慢慢蒸发掉，葡萄就变成了葡萄干。这里生产的葡萄干颜色漂亮，味道甜，非常有名。

　　葡萄沟是个好地方！

二

麦克：我从美国带回来一些巧克力，你来尝尝吧！

海伦：我不太喜欢吃巧克力，要是玛丽知道了，肯定很快就
　　　跑过来了。

麦克：对，玛丽最喜欢吃巧克力了。

海伦：她每次走过卖巧克力的商店就走不动了。

麦克：呵呵，一定会买很多巧克力回来。

海伦：不过她现在为了身体，不常常吃巧克力了。

麦克：是啊，老吃巧克力会越来越胖的。

生词

1. 葡萄	pútao	[名]	grape
2. 杏	xìng	[名]	apricot
3. 梨	lí	[名]	pear
4. 桃	táo	[名]	peach
5. 枝叶	zhīyè	[名]	branches and leaves

6. 展	zhǎn	[动]	to extension
7. 伞	sǎn	[名]	umbrella
8. 串	chuàn	[量]	a measure word
9. 紫	zǐ	[形]	purple
10. 热情	rèqíng	[形]	with open arms
11. 好客	hàokè	[形]	hospitable
12. 摘	zhāi	[动]	to pick up
13. 尝	cháng	[动]	to taste
14. 甜	tián	[形]	sweet
15. 平均	píngjūn	[形]	average
16. 冰	bīng	[名]	ice
17. 充足	chōngzú	[形]	enough
18. 因此	yīncǐ	[连]	therefore
19. 运	yùn	[动]	to transport
20. 四面	sìmiàn	[名]	all sides
21. 挂	guà	[动]	to hang
22. 木	mù	[名]	wood
23. 架子	jiàzi	[名]	shelves
24. 风	fēng	[名]	wind
25. 吹	chuī	[动]	to blow
26. 水分	shuǐfèn	[名]	moisture
27. 蒸发	zhēngfā	[动]	to vaporize

专名

1. 新疆　　Xīnjiāng　　Uygur Autonomous Region
2. 葡萄沟　Pútaogōu　　name of a place

语言点

简单趋向补语和宾语

动词"来""去""上""下""进""出""起""过""回"放在其他动词的后面，做补语，表示方向或者趋势，叫做简单趋向补语。

1. 如果宾语是表示处所的词语，那么要放在动词和简单趋向补语的中间。例如：

（1）你进房间里来吧，别在外面站着了。

（2）她已经回家去了。

2. 如果宾语不是表示处所的词语，那么宾语的位置比较灵活，既可以放在动词和趋向补语的中间，也可以放在趋向补语的后面。例如：

（1）请从房间里拿一把椅子来。

（2）我拿来了一杯茶，她拿来了一杯咖啡。

练习

一、根据课文内容判断下列句子是否正确

1. 葡萄沟在中国的东北。 （ ）

2. 葡萄沟五月有杏，六月有梨、桃，九十月份有人们最喜欢的葡萄。
（ ）

3. 我和麦克都喜欢旅游，下个假期，我们打算去新疆。 （ ）

4. 麦克从包里拿出照相机，拍了很多照片，他说要给他的女朋友看。
（ ）

5. 葡萄沟的葡萄全部做成葡萄干。 （ ）

6. 葡萄沟的葡萄干颜色漂亮，味道甜，非常有名。 （ ）

二、根据课文内容给下列句子排序

（　　）这种房间没有屋顶

（　　）他们在四面都有洞的房间里面放很多葡萄

（　　）风从房间的洞吹进来

（　　）葡萄就变成了葡萄干

（　　）一串一串的葡萄都挂在木架子上

（　　）葡萄干是怎么做的呢

（　　）葡萄中的水分慢慢蒸发掉

三、回答问题

1. 葡萄沟的名字是怎么来的？

2. 葡萄沟的葡萄为什么非常甜？

3. 葡萄干是怎么做的？

四、读读写写

杏	梨	桃	伞	风	葡萄
水分	蒸发	四面	屋顶	架子	枝叶

五、用给出的词语填空

热情　因此　吹　运　挂　好客　摘　尝尝　平均　充足

1. 新疆的阳光和水分很_____，_____水果很甜。

2. 我去朋友家做客，他们全家都很_____。

3. 我在葡萄沟遇到的当地人_____地给我吃了葡萄。

4. 上海的冬天不太冷，最近的_____气温是 5 度左右。

5. 请把衣服_____在那边，不要放在椅子上。

6. 这些水果，我们要_____到很远的地方。

7. 今天的风太大了，_____在身上很冷。

8. 睡觉以前，妹妹都_____下她的眼镜，放在桌子上。

9. 今天做的菜很好吃，你来_____吧！

六、选择正确的词语填空

1. 我从美国带_____了很多巧克力，大家来吃吧。（来/去）

2. 老师走_____教室，看到一个人也没有来。（进/出）

3. 从这里看_____去，就能看到很高的山，山上有很高很高的树。
（上/下）

4. 你给小王送书_____吧，她着急要呢。（来/去）

5. 孩子们一看到我，就向我跑_____。（来/去）

6. 她从包里拿_____（进/出）了好多东西。

7. 昨天我从你门前走_____（过/来）的时候，看到你在洗衣服。

8. 对不起，老师，我忘记带作业了，明天一定带_____。（来/去）

9. 热情好客的人们摘_____葡萄给我们吃。（上/下）

七、选择合适的位置

1　我 A 想下 B 课就 C 去 D 吃饭。（了）

2　玛丽 A 想 B 买 C 一本 D 书。（再）

3　昨天 A 我给 B 爸爸打 C 一个 D 电话。（了）

4　这本书 A 你 B 学 C 没有 D？（了）

5　宿舍 A 里 B 有 C 我 D 一个人。（只）

6　他 A 昨天 B 去 C 书店 D 了。（又）

7　今天 A 小王 B 十一点 C 起 D 床。（才）

8　我 A 觉得 B 这次考得 C 可以 D。（还）

9　A 这课 B 课文 C 我 D 看懂。（没）

10　我 A 每天 B 晚上 C 学习到 D 十二点。（都）

八、把下列词语整理成句子

1. 房间　的　风　洞　进来　从　吹

_____

2. 照相机　拿　几张　麦克　了　照片　出　拍

_____

3. 水分　葡萄中　的　葡萄干　蒸发　就　变成　了　掉

_____

九、表达练习

请介绍一种你的家乡最有名的水果或其他食品。

副课文

家乡的橘子

我的家乡在四川，我爱吃家乡的橘子。

春天，睡了一冬的橘子树在春雨中慢慢地醒了。绿色、椭圆形的叶子从树枝上长出来。接着，一朵朵像雪花一样的橘子花慢慢开了。

夏天，当橘花凋谢后，橘树结出了一个个绿色的小橘子。时间一天天地过去了，小橘子渐渐地长大了。橘子一般是圆形的，上面长着很多小点儿。熟了的橘子颜色多种多样，有绿色的，有绿中带点儿黄的，还有黄中带点儿绿的，都不一样。

只要剥开橘子的皮，就有很香的气味。橘子像一个很小的南瓜。把其中一瓣取下来看看，又像一弯月牙。橘子的味道也不同，有酸的、甜的，还有既酸又甜的。

我喜欢吃橘子，不仅因为它的味道好，还有一个更重要的原因是它对人们的身体有好处：它的皮可以做中药，可以美容，橘子肉含有丰富的维生素。

我喜欢家乡的橘子。

生词

1. 橘子	júzi	[名]	orange
2. 醒	xǐng	[动]	wake up
3. 雪花	xuěhuā	[名]	snowflake
4. 凋谢	diāoxiè	[动]	languish
5. 剥	bāo	[动]	peel
6. 气味	qìwèi	[名]	smell
7. 中药	zhōngyào	[名]	traditional Chinese medicine
8. 维生素	wéishēngsù	[名]	vitamin

回答问题

1. 橘子的生长过程是怎样的？
2. 作者为什么喜欢家乡的橘子？
3. 你最喜欢的水果是什么？为什么？

第十五课　中国的春节

一

春节，是中国最重要、最热闹的一个传统节日。春节在中国有几千年的历史了，但是以前"春节"不叫"春节"，叫"元旦"，"春节"这个名字用了还不到100年。

关于春节还有一个故事呢。在很久以前，有一个凶猛的动物，住在森林中，人们叫它"年"。它喜欢吃各种动物，还吃人。说起"年"大家都很害怕。后来，人们慢慢掌握了"年"的活动规律，它是每隔三百六十五天到人们住的地方来吃人，并且"年"特别害怕红色。于是每到这一天，大家放鞭炮，挂红色的灯笼，贴红色的春联，并且整个晚上都不睡觉。"年"看到这

些，非常害怕，再也不敢来了，所以现在过春节又叫"过年"。

　　春节的时候，无论离家多么远，中国人都要回家，和家里人团聚。这一天，大家放鞭炮、贴春联、挂灯笼，拜访亲戚朋友，非常快乐。有的人喜欢把"福"字倒着贴，意思是"福到了"。春节期间花灯满城，游人满街，非常热闹，一直要热闹到正月十五元宵节过后，春节才算真正结束。

二

海伦：你以前在中国过过春节吗？

杰克：没有，这是第一次，你呢？

海伦：我也是。我觉得中国的春节非常有意思，可以看到很多传统的东西。

杰克：对，这个春节我是在中国朋友家过的。我们放了鞭炮，点了灯笼，还贴了对联。

海伦：嗯，我还学着包了饺子。我觉得自己包的饺子真好吃！

生词

1.	重要	zhòngyào	［形］	important
2.	节日	jiérì	［名］	festival
3.	关于	guānyú	［介］	about
4.	故事	gùshi	［名］	story
5.	久	jiǔ	［形］	for a long time
6.	凶猛	xiōngměng	［形］	ferocity

7. 森林	sēnlín	[名]	forest
8. 害怕	hàipà	[动]	to be scared
9. 掌握	zhǎngwò	[动]	master
10. 活动	huódòng	[动]	activity
11. 规律	guīlǜ	[名]	rule
12. 隔	gé	[动]	after an interval of
13. 鞭炮	biānpào	[名]	firecracker
14. 灯笼	dēnglong	[名]	lantern
15. 贴	tiē	[动]	to paste
16. 春联	chūnlián	[名]	spring festival scrolls
17. 敢	gǎn	[动]	dare
18. 无论	wúlùn	[连]	no matter
19. 离	lí	[动]	away from
20. 团聚	tuánjù	[动]	unite
21. 拜访	bàifǎng	[动]	to visit
22. 亲戚	qīnqi	[名]	relative
23. 福	fú	[名]	happiness
24. 倒	dào	[形]	inverted
25. 期间	qījiān	[名]	during. . .
26. 游人	yóurén	[名]	to urist
27. 满	mǎn	[形]	full of
28. 正月	zhēngyuè	[名]	the first month of the lunar year
29. 算	suàn	[动]	at last
30. 真正	zhēnzhèng	[形]	real

专名

1. 春节	Chūn Jié	Spring Testival

2. 元旦   Yuándàn   New Year's Day
3. 元宵节   Yuánxiāo Jié Lantern Festival

语言点

无论……都

表示在任何条件下，结果都不改变。"无论"后面一定要有疑问代词或者并列短语，并列短语可以用"还是"连接。例如：

（1）无论你说什么，我都不相信你。

（2）无论你是学生还是老师，都不应该迟到。

（3）无论明天下不下雨，我都得去上课。

练习

一、根据课文内容判断下列句子是否正确

1. 春节有 100 多年的历史了。   （ ）

2. 现在在中国，元旦和春节是同一个节日。 （ ）

3. 中国古代传说"年"是一种凶猛的动物。 （ ）

4. 传说中"年"害怕红色，所以人们挂红灯笼。 （ ）

5. 春节一共有 15 天时间。   （ ）

二、连线

放   亲戚朋友

贴   灯笼

挂   春联

拜访   鞭炮

三、根据课文内容填空

春节的时候，中国人都要＿＿＿＿家，和家里人＿＿＿＿。这一天大家放＿＿＿＿、贴＿＿＿＿、挂＿＿＿＿，拜访＿＿＿＿，非常快乐。有的人喜欢倒着贴"＿＿＿＿"字。春节期间花灯满城，游人满街，非常热闹，一直要热闹到正月十五＿＿＿＿节过后，春节才算真正＿＿＿＿。

四、读读写写

春节	节日	灯笼	鞭炮	春联
凶猛	害怕	掌握	团聚	森林
规律	亲戚	游人	活动	故事

五、用给出的词语填空

重要　传统　拜访　倒　真正　贴　隔　算　过　敢

1. 过年吃饺子是中国人的＿＿＿＿习惯。
2. 我去找王方的时候他不在，所以我在他宿舍的门上＿＿＿＿了一张纸条。
3. 这个寒假你打算怎么＿＿＿＿？
4. 她的身体不太好，每＿＿＿＿几个月就会生一次病。
5. 晚上一个人在家的时候，我很害怕，不＿＿＿＿睡觉。
6. 春节一直到正月十五才＿＿＿＿真正结束。
7. 你不是我＿＿＿＿的朋友，再见吧。
8. 麦克，你的书拿＿＿＿＿了，你在想什么呢？
9. 明天我打算去＿＿＿＿一位老朋友。
10. 这个决定对我来说很＿＿＿＿。

六、选择适当的词语填空

从　离　往　在

1. A：你＿＿＿＿哪儿来？

B：我_____宿舍来。

2. 你_____左看，就能看见老师的家。

3. 哈萨克斯坦_____中国远不远？

4. _____早上到现在，我一直没有看见她。

5. A：老师_____哪儿？

   B：老师_____这儿。

6. 你_____后看，那个胖胖的男人是谁？

7. _____北京到这儿可以坐飞机。

8. A：老师，你家_____哪儿？

   B：我家_____这儿很远。

关于　对于

1. _____我来说，汉字不难，难的是语法。

2. _____这个问题，让我再想想，一会儿回答你。

3. 这本书_____我来说太贵了。

4. 你_____这个问题的看法是很正确的。

5. _____今天的会议，你还有什么想说的吗？

七、选择合适的位置

1. 你 A 中国 B 生活 C 习惯 D 了吗？（在）

2. 我 A 喜欢运动，像打 B 网球、游泳、跑步 C 什么 D 我都喜欢。（的）

3. 上海 A 冬天的气温 C 高 D 多。（得）

4. 你听，A 这个 B 歌的歌词 C 写得 D 好呀！（多）

5. A 着 B 急 C，时间还 D 早呢！（什么）

6. 我们 A 再有 B 两个月 C 要 D 放寒假了。（就）

7. 同学们 A 都在 B 努力 C 学习 D 汉语。（地）

8. 我的手机 A 号码 B 你记 C 了 D 吗？（住）

八、用"关于"完成句子

1. 这本书是_____。

2. 她看了不少电影，大部分是＿＿＿＿＿＿＿＿＿＿＿＿＿＿＿＿＿＿＿。

3. ＿＿＿＿＿＿＿＿＿＿＿＿＿＿＿＿＿＿春节，有一个传说故事。

4. ＿＿＿＿＿＿＿＿＿＿＿＿＿＿＿＿＿＿，我想说说我的看法。

5. 这几张 DVD 的内容不一样，有的是＿＿＿＿＿＿，有的是＿＿＿＿＿。

九、用"不论……都"完成句子

1. 不论做什么工作，＿＿＿＿＿＿＿＿＿＿＿＿＿＿＿＿＿＿＿＿。

2. 不论＿＿＿＿＿＿＿＿＿＿＿＿＿＿，她都没有改变原来的生活习惯。

3. 不论你是不是富有，＿＿＿＿＿＿＿＿＿＿＿＿＿＿＿＿＿＿＿。

4. ＿＿＿＿＿＿＿＿＿＿＿＿＿＿＿＿＿，她都努力学习汉语。

5. 不论天气怎么样，＿＿＿＿＿＿＿＿＿＿＿＿＿＿＿＿＿＿＿。

十一、表达练习

介绍一个你们国家的传统节日。

副课文

愉快的假期

在中国，10 月 1 号到 7 号放假。3 号的时候，我和同学约好时间到天安门广场去玩儿。那天，天安门广场人很多，我们玩儿了差不多两个小时，照了很多相。上午九点半，我们离开了天安门广场，去了另一个地方——颐和园。颐和园这天来玩儿的人也不少，大家都很兴奋。中午的时候，我们来到了湖边的茶楼。服务员热情地把我们请到楼上一间大厅里。大家吃着、谈着、笑着，高兴得把时间都忘了。

玩儿了一天，大家一点儿也不觉得累，都觉得愉快极了。

生词

1. 约	yuē	[动]	to date
2. 照相	zhào xiàng		take a photo
3. 湖	hú	[名]	lake

回答问题

1. 同学们 10 月 3 号到什么地方玩儿了？

2. 放假的时候，你会做什么？

3. 你知道中国有些什么传统节日吗？在各个节日里，人们都干些什么？

第五单元
传统故事篇

第十六课　对牛弹琴

一

中国古代有一位非常有名的琴师。他的琴弹得好极了，许多人都喜欢听他弹琴。

有一天，天气特别好，这位琴师就背着琴出去游玩儿。看到山上有一头牛在草地上静静地吃草，他想让牛也欣赏一下他弹的曲子。

他放好琴，对着牛就弹奏起来。曲子非常优美，周围一下子聚集了好多行人和附近种田的村民。

曲子弹完了，可牛却好像什么也没有听见一样，仍然低着头静静地吃草。琴师太失望了。他不明白为什么牛不喜欢他弹的曲子。难道他弹得还不够好吗？于是，他就问了周围的人。

有一个人告诉琴师："不是你弹得不好，而是你对牛弹琴，牛一点儿也听不懂，当然就没有反应。你应该为人弹，人懂音乐，才会欣赏你弹的优美的曲子。"

（改编自《成语故事》，北方妇女儿童出版社，2002 年）

二

玛丽：麦克，你怎么了？

麦克：我感冒了，一口水也不想喝，一口饭也不想吃。

玛丽：感冒了就应该多喝水多休息，这样才能好得快。

麦克：我这几天的作业一点儿都没做，我有点儿担心。

玛丽：你好好休息吧，等病好了，我会帮你的。我给你买了
　　　点儿水果和药，你记得按时吃药哦。

麦克：谢谢你！

生词

1. 琴师	qínshī	[名]	player
2. 弹琴	tán qín		play piano
3. 游玩儿	yóuwánr	[动]	stroll about
4. 草地	cǎodì	[名]	grassland
5. 静静	jìngjìng	[形]	quietly
6. 欣赏	xīnshǎng	[动]	enjoy
7. 曲子	qǔzi	[名]	melody
8. 弹奏	tánzòu	[动]	to play
9. 优美	yōuměi	[形]	concinnity
10. 聚集	jùjí	[动]	assemble
11. 行人	xíngrén	[名]	passerby
12. 附近	fùjìn	[名]	near
13. 种	zhòng	[动]	to plant

14. 田	tián	[名]	feild
15. 村民	cūnmín	[名]	villager
16. 仍然	réngrán	[副]	still
17. 低	dī	[形]	low
18. 失望	shīwàng	[形]	disappointed
19. 难道	nándào	[副]	no wonder
20. 而是	érshì	[连]	but
21. 反应	fǎnyìng	[名]	reflect
22. 应该	yīnggāi	[助动]	should
23. 为	wèi	[介]	for

语言点

一点也不（/没有）

结构形式是：一＋量词＋（名词）＋也不（/没有）。例如：

（1）我一点儿也不喜欢这本书。

（2）我一点酒也不喝。

（3）昨天我一个汉字也没有写。

练习

一、根据课文内容判断下列句子是否正确

1. 琴师的琴弹得好极了，许多人都喜爱听他弹琴。　　　（　　）

2. 琴师想让牛也欣赏一下他弹的曲子。　　　（　　）

3. 曲子非常优美，周围一下子聚集了好多牛。　　　（　　）

4. 曲子弹完了，牛不喜欢他弹的曲子，因为他弹得不好。　　　（　　）

二、根据课文内容填空

1. 中国古代有一位非常有名的琴师。他的琴_____得好极了。

2. 有一天，天气特别好，这位琴师就_____着琴出去游玩儿。

3. 他想让牛也_____一下他弹的曲子。

4. 曲子非常优美，周围一下子_____了好多行人和附近种田的村民。

5. 你对牛弹琴，牛一点儿也听不_____，当然就没有_____了。

三、连线

懂　　　　　　　钢琴

欣赏　　　　　　英语

弹　　　　　　　音乐

四、回答问题

1. 牛为什么一点儿反应也没有？

2. 琴师给牛弹琴，犯了一个什么错误？

3. 听完这个故事，你觉得"对牛弹琴"这个成语是什么意思？

五、读读写写

中国古代　　　　有名的琴师　　　　优美的曲子

背着琴出去　　　静静地吃草　　　　低着头吃草

弹得好极了　　　对牛弹琴　　　　　欣赏曲子

六、用给出的词语填空

失望　应该　欣赏　优美　难道　仍然　种

1. 不要这样做，我会对你_____的。

2. 妈妈在院子里_____了很多树和花，春天的时候，非常美。

3. 站在山顶，_____着周围的美景，感觉舒服极了。

4. _____你不觉得这里的夏天太热了吗？

5. 她的声音很_____，每个人都喜欢听她唱歌。

6. 虽然他们分手了，可是他_____爱着她。

7. 今天很冷，你_____多穿几件衣服。

七、选择适当的词语填空

| 为了　　为 |

1. _____通过考试，我请一位中国学生做我的辅导。

2. 她正_____明天的听写做准备呢。

3. 她的本子上写着"_____明天的幸福努力工作"。

4. 这本书是我_____你买的。

5. _____能够得到更好的成绩，他每天学习到很晚。

八、选择正确答案

1. 非洲面积虽然大，_____大部分地区是沙漠。
   A. 但　　　　　B. 于是　　　　　C. 所以　　　　　D. 因此

2. 世上没有免费的午餐，也就是说，人家不会白白地送东西_____你。
   A. 为　　　　　B. 给　　　　　C. 向　　　　　D. 对

3. 他曾经有_____两个女朋友，后来都分手了。
   A. 了　　　　　B. 着　　　　　C. 过　　　　　D. 的

4. 对面的女孩子向我这个方向看了_____。
   A. 过去　　　　B. 回来　　　　C. 回头　　　　D. 过来

5. 不只是在技术方面，我们公司要_____你们公司学习的地方还有很多。
   A. 对　　　　　B. 往　　　　　C. 向　　　　　D. 朝

6. 你说得_____，我没听懂你的意思。

    A. 快一点儿   B. 一点儿快   C. 有点儿快   D. 快有点儿

九、用"不是……而是……"完成句子

1. 我喜欢的_____。

2. 那个穿红衣服的_____。

3. 这次考试我考得不好，_____。

4. 我的意思_____。

5. 北京的春天_____。

十、模仿例子改写句子

    例：（1）这个苹果不好吃。——→这个苹果一点儿也不好吃。

          （2）他没有书。——→他一本书也没有。

1. 这个夏天没下雨。——→

2. 我不会写汉字。——→

3. 回国后，他没给我写过信。——→

4. 我不喝酒。——→

5. 我不了解他，因为我刚认识他。——→

十一、表达练习

    你还知道别的成语故事吗？给大家讲一讲。

副课文

扇　子

    对于西班牙妇女来说，扇子可不仅仅是扇子，另外一种用处就是她们常

用扇子表达不便说出口的想法。当她打开扇子，把脸的下半部遮起来时，意思是她在问："你喜欢我吗？"或者是："我爱你。"如果她一个劲儿地很快地扇扇子，则表示："请离开我。"如果她把扇子一会儿打开一会儿合上，那则表示："我非常想念你。"如果扇子在手里翻来翻去，等于告诉你："你太讨厌了。"如果把扇子扔在桌子上，等于告诉你："我不喜欢你，我爱的是别人。"如果在男友面前打开扇子放在下巴下面，意思是："我希望下一次跟你早点儿见面。"

生词

1. 西班牙	Xībānyá	[专名]	spain
2. 扇子	shànzi	[名]	fan
3. 用处	yòngchù	[名]	usefulness
4. 离开	líkāi	[动]	to leave
5. 想念	xiǎngniàn	[动]	to miss
6. 翻	fān	[动]	turn over

回答问题

1. 西班牙妇女打开扇子，遮住脸的下半部，表示什么意思？
2. 如果要表示"请你离开我"，西班牙妇女可以怎么做？
3. 西班牙妇女把扇子一会儿打开一会儿合上，表示什么意思？
4. 如果表示"我不喜欢你，我爱的是别人"，西班牙妇女可以怎么做？

第十七课　生肖的传说

一

你知道中国的十二生肖吗？生肖就是用来表示人出生年份的十二种动物。它们是：鼠、牛、虎、兔、龙、蛇、马、羊、猴、鸡、狗和猪。

生肖里面没有猫，这是为什么呢？

很久很久以前，猫和老鼠是好朋友，它们住在一起，像兄弟一样。听说玉皇大帝要开生肖大会，猫和老鼠决定一起去参加。猫很喜欢睡觉，所以在开会的前一天，特别告诉老鼠说："鼠弟，明天早上，你叫我一下好不好？"老鼠答应说："你放心睡吧，我会叫醒你的。"于是，猫放心地睡了。

第二天早晨，老鼠很早就起来了。它没有叫醒猫，自己偷偷地上天开会去了。各种动物都来了，玉帝选出了牛、马、羊、狗、猪、兔子、老虎、龙、蛇、猴子、鸡和老鼠这十二种动物作为人的生肖。玉帝说："牛最

大，就让牛做第一个生肖吧。"大家都同意。可是小小的老鼠却大声说："我比牛大。每次人们看见我都说：'啊呀，这只老鼠真大！'可是从来没有听见人说过：'这头牛真大！'"

玉帝说："真有这样的事？"老鼠说："你们要是不相信，可以试一试。"玉帝就带了十二种动物到人间去。当牛从人们面前走过的时候，人们都说这头牛真肥，真好。没有一个人说这头牛真大。狡猾的老鼠忽然爬到牛背上，两脚站起来。人们一见牛背上的老鼠，立刻叫起来："啊呀，这只老鼠真大！"

玉帝听见了人们的喊叫声，只好说："那就让老鼠做第一个生肖吧。牛，你只好做第二个生肖了。"所以现在的十二生肖就是这样安排的：老鼠是第一生肖，牛是第二生肖，然后是：虎、兔、龙、蛇、马、羊、猴、鸡、狗、猪。

生肖大会开完了，老鼠高高兴兴地回到家。猫刚睡醒，发现老鼠根本没有叫它，于是非常生气，咬死了老鼠。

从此，猫和老鼠成了敌人，一直到现在还是这样。

二

玛丽：麦克，你的身体今天怎么样了？

麦克：比昨天好多了。谢谢你。

玛丽：有时候，多喝水多休息，比吃药更有用。

麦克：我同意你的看法。喝了很多水并且休息好以后，我的
身体比前几天舒服了，体温比前几天也低了很多。

玛丽：希望你快点儿好，这样我们就可以一起上课了。

生词

1. 生肖	shēngxiào	[名]	Chinese zodiac
2. 表示	biǎoshì	[动]	to express
3. 年份	niánfèn	[名]	year
4. 猫	māo	[名]	cat
5. 老鼠	lǎoshǔ	[名]	mouse
6. 兄弟	xiōngdì	[名]	brother
7. 参加	cānjiā	[动]	take part in
8. 答应	dāying	[动]	to promise
9. 放心	fàngxīn	[动]	reassurance
10. 偷偷	tōutōu	[副]	on the sneak
11. 选	xuǎn	[动]	to select
12. 牛	niú	[名]	cow
13. 马	mǎ	[名]	horse
14. 羊	yáng	[名]	sheep
15. 狗	gǒu	[名]	dog
16. 猪	zhū	[名]	pig
17. 兔子	tùzi	[名]	rabbit
18. 龙	lóng	[名]	dragon
19. 蛇	shé	[名]	snake
20. 同意	tóngyì	[动]	to agree
21. 大声	dà shēng		loudly
22. 比	bǐ	[介]	than
23. 相信	xiāngxìn	[动]	to believe
24. 带	dài	[动]	take
25. 人间	rénjiān	[名]	the world
26. 肥	féi	[形]	fat

27. 狡猾	jiǎohuá	［形］	sly
28. 爬	pá	［动］	to climb
29. 喊	hǎn	［动］	to shout
30. 安排	ānpái	［动］	to arrange
31. 敌人	dírén	［名］	enemy

专名

玉皇大帝（玉帝）　　　Yùhuáng Dàdì（Yùdì）　　　Yuhuang Emperor

语言点

比较

比较经常使用的格式是：A 比 B + 形容词性词语/动词性词语。例如：

（1）我比哥哥高。

（2）我比哥哥高一点儿。

（3）弟弟比我喜欢学习。

（4）弟弟比我学得好。

否定式是加"没有"或者"不如"。例如：

（1）哥哥没有我高。

（2）哥哥不如我高。

（3）我没有弟弟喜欢学习。

（4）我没有弟弟学得好。

练习

一、根据课文内容判断下列句子是否正确

1. 中国的十二生肖里面，猪排在第十二位。 （　　）

2. 传说十二生肖是由玉帝安排的。 （　　）

3. 很久以前，猫和老鼠是好朋友。 （　　）

4. 十二生肖中老鼠在牛的前面，是因为当时老鼠的个子比牛大。（　　）

5. 猫非常恨老鼠，是因为十二生肖中老鼠在前面。 （　　）

二、请写出十二生肖中 12 种动物的名字

———　　　———　　　———　　　———　　　———　　　———

———　　　———　　　———　　　———　　　———　　　———

三、回答问题

1. 为什么老鼠成为十二生肖中的第一个？

2. 为什么猫没有成为十二生肖中的一个？

3. 十二生肖是怎么来的？

四、读读写写

生肖	年份	参加	偷偷	放心	敌人	大声	人间
猫	醒	肥	选	带	喊	爬	比

五、用给出的词语填空

表示　决定　答应　安排　狡猾　同意　相信

1. 请你_____我，我明天一定不会迟到。

2. 我想去北京旅行，可是妈妈不_____。

3. 老王_____妻子，再也不抽烟了。

4. 麦克和杰克_____去新疆旅行。

5. 玫瑰花_____我对你的爱。

6. 我们给你_____了最好的宾馆，请放心吧。

7. 中国人觉得老鼠很_____。

六、选择正确答案

1. 上午的考试只考了_____，但看样子，学生们并不轻松。
   A. 一个半小时　　B. 一半个小时　　C. 半一个小时　　D. 一个小时半

2. 这个国家二十年的变化真是太大_____！
   A. 啊　　　　　B. 了　　　　　C. 呢　　　　　D. 吧

3. 你这幅中国画真漂亮，在哪里买_____？
   A. 了　　　　　B. 过　　　　　C. 呢　　　　　D. 的

4. 昨天我什么地方都没去，在屋子里_____。
   A. 一整天看了书　　　　　B. 看书了一整天
   C. 看整一天书了　　　　　D. 看了一整天书

5. 再见吧，希望你以后有机会_____来我家做客。
   A. 重　　　　　B. 再　　　　　C. 另　　　　　D. 又

6. 这里一点儿污染都没有，空气多新鲜_____！
   A. 了　　　　　B. 啊　　　　　C. 呢　　　　　D. 嘛

7. 我小的时候，北京冬天常常_____。
   A. 下雪　　　　B. 下一下雪　　　C. 下过雪　　　D. 下了雪

8. 来中国一年多了，你_____过哪些名胜古迹？
   A. 参观　　　　B. 参加　　　　C. 观察　　　　D. 旅游

9. 看完电影回家以后，_____。

    A. 他问我是谁跟一起去看的   B. 他问我是跟谁一起去看的

    C. 他问我是一起去看的跟谁   D. 他问跟谁我是一起去看的

10. 学校认真_____研究了他的转学申请，最终同意了。

    A. 的   B. 地   C. 得   D. 着

11. 大卫喜欢各种体育运动，可就是_____学习不感兴趣。

    A. 往   B. 对   C. 就   D. 向

12. 明天我就要去北京了，请替我_____老师和同学们说声再见。

    A. 往   B. 给   C. 冲   D. 跟

13. 学习汉语，应该从最基本的学起，_____学发音，_____学词汇和语法。

    A. 一……就   B. 不是……就是 C. 先……再   D. 既……又

14. _____时间不够，我们只去了人民广场，没有去浦东。

    A. 为了   B. 由于   C. 于是   D. 因此

15. 中国的春节是不是_____西方的圣诞节一样热闹？

    A. 跟   B. 比   C. 不比   D. 不如

七、用"比"完成句子

1. 乘公共汽车_____。

2. 星期天在家里睡觉_____。

3. 小王的能力_____。

4. 我的汉语水平_____。

5. 我们一起去跑步_____。

6. 北京的春天_____。

7. 昨天的考试_____。

8. 我觉得红色的衣服_____。

八、模仿例子改写句子

例：老鼠很小。/牛很大。

　　——→牛比老鼠大。/老鼠不如牛大。

1. 我三十岁。/妹妹二十五岁。——→

2. 哥哥喜欢唱歌。/弟弟不太喜欢唱歌。——→

3. 麦克的房间很干净。/杰克的房间不太干净。——→

4. 这座桥 35 米。/那座桥 150 米。——→

5. 我不了解他。/小王了解他。——→

九、选词填空

　　今年二月份，又到了爸爸的生日了。我想家中什么也不缺，爸爸是个__1__，要是给他寄几本他喜欢的书去，也许他会高兴。于是我就买了一套《鲁迅全集》寄去了。果然跟我__2__一样，爸爸收到我寄去的书后，回信说对我的礼物十分__3__。

1. A. 足球迷　　　B. 读书迷　　　C. 电影迷　　　D. 棋迷

2. A. 做的　　　　B. 说的　　　　C. 想的　　　　D. 寄的

3. A. 满足　　　　B. 舒服　　　　C. 热情　　　　D. 满意

十、表达练习

　　说一个你们国家的传说故事。

副课文

熊和猎人

　　有一天，一个猎人在森林中打猎，走了半天也没有看到一只动物。他正准备回去，突然发现前面有一只熊。当他正要开枪时，那只熊突然说话了："勇敢的猎人，请等一等，先别开枪。您能不能告诉我，您要打死我是想得到什么呢？"猎人放下枪说："这很简单，我只不过是想得到一件皮外衣。"熊叹了口气说："其实您的要求并不高，天气越来越冷了嘛，应该有件皮外衣。可是您知道吗？我的要求比您的还要低呢！我只不过有一点儿饿了。想吃饱肚子。您不会让我饿着肚子去死吧？咱们坐下来谈谈怎么样？可能会有更好的办法呢！您说呢？"猎人听了熊的话心想，这倒也是，如果一枪打不死它，不是更麻烦吗？就说："好吧，可以谈谈，不过得快点儿。"

　　很快，熊站起来满意地走了，它达到了自己的目的，肚子饱了。而猎人呢？也实现了自己的愿望，得到了一件皮外衣。

生词

1. 猎人	lièrén	[名]	hunter
3. 打猎	dǎ liè		hunting
4. 熊	xióng	[名]	bear
5. 叹气	tàn qì		to sign
6. 麻烦	máfan	[形]	trouble
7. 满意	mǎnyì	[形]	satisfied

回答问题

1. 猎人和熊各自想要得到什么？

2. 他们谈话的结果是什么？为什么会有这样的结果？

3. 小时候，你听过关于猎人的其他故事吗？

第十八课　牛郎织女的故事

一

夏天的晚上，如果天气很好，在银河的两旁，你能看到两颗星星：一颗叫做牛郎星，一颗叫做织女星。关于这两颗星星，有一段美丽的传说。织女是玉帝的小女儿，每天在天上织彩云。牛郎是一个放牛的少年，很早就没有了父母，哥哥嫂嫂对他很不好，只给了他一头老牛。

牛郎的日子很苦。有一天，老牛忽然对他说："明天天上的织女和她的姐妹要到山后的湖里洗澡。如果你拿走织女那件粉红色的衣服，织女就会成为你的妻子。"

牛郎按照老牛的话去做，果然见到了织女。他们结婚以后，牛郎种田，织女织布，日子越过越幸福。后

来，他们又生了一个儿子和一个女儿，夫妻俩可高兴了。可是，牛郎和织女的事被织女的母亲知道了。她非常生气，到牛郎家抓

走了织女。

孩子们都哭着要找妈妈。老牛又一次对牛郎说："牛郎啊，我快要死了，你披着我的皮，就可以上天去追织女了。"老牛说完就死了。

牛郎披上牛皮，把孩子放在两个筐里挑在肩上，果然飞到了天上。牛郎像风一样在星星中穿行，眼看就要追上织女了。忽然空中伸出一只大手，织女的母亲在身后一划，划出了一条大河，挡住了牛郎的路，牛郎怎么也飞不过去了。这条河就是天河，也叫银河。

牛郎望着河水，心里想无论如何也要见到妻子。织女的母亲没有办法，只得答应他们每年在农历七月初七的晚上见上一面。每到这一天，喜鹊们就会飞到天河上，为牛郎织女搭起一座鹊桥，让他们在桥上相会。据说，这一天在人间是看不到喜鹊的，而且晚上夜深人静的时候，如果你坐在葡萄架下，还能听到他们小声说话的声音呢。

二

麦克：夏天到了，天气越来越热了。

玛丽：是啊，终于快放暑假了，我也越来越想家了。

麦克：嗯，离家越远，就越觉得家人和朋友的重要。

玛丽：呵呵，你的汉语真是越说越好了！

麦克：谢谢！

玛丽：今晚的月亮好大呀！你听过关于月亮的故事吗？我给你讲一个传说故事吧。

麦克：什么故事？

玛丽：天狗吃月，一个很有趣的故事。

生词

1. 颗	kē	[量]	a measure word
2. 星星	xīngxing	[名]	star
3. 段	duàn	[量]	a measure word
4. 织	zhī	[动]	to weave
5. 少年	shàonián	[名]	youth
6. 嫂嫂	sǎosao	[名]	law in sister
7. 苦	kǔ	[形]	bitter
8. 按照	ànzhào	[介]	according to
9. 果然	guǒrán	[副]	really
10. 结婚	jié hūn		to marry
11. 布	bù	[名]	cloth，fabric
12. 抓	zhuā	[动]	grasp
13. 披	pī	[动]	to wrap
14. 皮	pí	[名]	skin
15. 追	zhuī	[动]	to chase
16. 筐	kuāng	[名]	measure word
17. 挑	tiāo	[动]	carry on shoulder with a pole
18. 肩	jiān	[名]	shoulder
19. 伸	shēn	[动]	to stretch
20. 划	huá	[动]	to cut
21. 望	wàng	[动]	to look
22. 无论如何	wúlùn rúhé		in any case
23. 农历	nónglì	[名]	lunar calendar

24.	喜鹊	xǐquè		magpie, legend has it that when heard a good event will soon follow
25.	搭	dā	[动]	put up
26.	相会	xiānghuì	[动]	encounter
27.	据说	jùshuō	[连]	it is said
28.	夜深人静	yè shēn rén jìng		in the still of night

专名

1.	银河	Yínhé	the Milky Way
2.	织女	Zhīnǚ	Vega
3.	牛郎	Niúláng	Cowboy

语言点

越……越……

1. 越来越 + 形容词。用来形容后面形容词所表达的状态程度加深。例如：

（1）夏天来了，天气越来越热了。

（2）就快到中秋节了，月亮也越来越圆了。

2. 越 + 动词 + 越 + 形容词。用来形容事物通过动词表示的动作达到形容词表达的那种状态，并且状态的程度逐渐加深。例如：

（1）随着春天的到来，小草越长越高了。

（2）上海的经济越发展越快。

（3）我家乡的楼房越盖越高。

练习

一、根据课文内容判断下列句子是否正确

1. 牛郎在和织女结婚之前就有一头牛。　　　　　　　　（　　）
2. 牛郎一无所有，只有一头牛。　　　　　　　　　　　（　　）
3. 牛郎的那头牛对牛郎非常好。　　　　　　　　　　　（　　）
4. 织女不得不回到了天上。　　　　　　　　　　　　　（　　）
5. 最后牛郎追上了织女，他们在天上生活在一起。　　　（　　）
6. 传说，七月初七，人们在葡萄架下可以听到牛郎和织女在说话。

（　　）

二、根据课文内容填空

1. 织女是玉帝的小女儿，每天在天上_____彩云。
2. 如果牛郎拿走织女那件粉红色的衣服，织女就会_____他的妻子。
3. 她非常生气，亲自到牛郎家把织女_____走了。
4. 我快要死了，你把我的皮_____在身上，就可以上天去追织女了。
5. 织女的母亲在身后一_____，_____出了一条大河，挡住了牛郎的路。

三、回答问题

1. 牛郎和织女是什么样的人？
2. 织女是怎么成为牛郎的妻子的？
3. 牛郎织女结婚以后的生活怎么样？
4. 牛郎追上织女了吗？
5. 课文中说，每年在什么时候我们见不到喜鹊，为什么？

四、读读写写

美丽的传说	放牛的少年	夜深人静	无论如何	鹊桥相会
银河	星星	孙女	少年	洗澡
布	织	苦	湖	披
结婚	相会	据说	农历	肩

五、用给出的词语填空

按照　伸　望　挑　追　果然　段　颗　串　只

1. 请_____出你的右手来。

2. 他让我们_____他的要求去做。

3. 别_____了，小偷已经跑了，抓不到了。

4. 这里的水果不都是好的，得_____一下，才能买到好的。

5. 小狗_____着我，看起来是饿了。

6. 早上妈妈让我带着伞，下午_____下雨了。

7. 天上只有一_____星星。

8. 我听过这_____传说。

9. 狐狸在墙外，看到院子里挂着一_____葡萄。

10. 那里有几_____母鸡在打闹，弄得到处是灰。

六、选择适当的词语填空

据说　听说

1. 我_____这首歌最近在中国很流行。

2. _____春节放鞭炮是为了吓跑"年"。

3. _____他的太太去英国学习音乐了。

4. 端午节吃粽子_____是为了纪念一位诗人。

七、选择正确答案

1. 飞机马上_____起飞了，怎么还不见他的影子？

   A. 已经   B. 正要   C. 就要   D. 正在

2. 我没有生气，只是心里_____。

   A. 一点儿不舒服   B. 不舒服一点儿

   C. 有点儿不舒服   D. 不舒服有点儿

3. 在和他交往的过程_____，我慢慢理解了他的想法。

   A. 上   B. 中   C. 里   D. 下

4. 麻烦你，等安娜回来，_____，好吗？

   A. 让您请她给我回电话   B. 请您给她让我回电话

   C. 让您请她回电话给我   D. 请您让她给我回电话

5. 看样子小王和小李差不多，其实小王比小李_____。

   A. 大得三岁   B. 三岁大   C. 大三岁   D. 三岁大了

6. 他先给妻子留了张条子，_____才去医院看他父亲。

   A. 以后   B. 然后   C. 后来   D. 最后

7. 这件事现在很不好办，等几天_____说吧。

   A. 才   B. 再   C. 又   D. 还

8. 以前，我经常去他们家，自从他去了美国，我再也没有去_____。

   A. 了   B. 过   C. 着   D. 的

9. 昨天，_____。

   A. 我写一封长信给朋友了   B. 我给朋友写了一封长信

   C. 给我朋友写了一封长信   D. 给我朋友一封长信写了

八、模仿例句完成句子

例：麦克说，去的地方越多，就越能了解中国丰富的文化。

1. 路很远，我们越_____越_____。

2. 这个菜很好吃，麦克和我越_____越_____。

3. 那个人是你的姐姐吧，我觉得越_____越_____。

4. 你别说了，你越_____她就越_____。

5. 这首歌越_____越_____。

6. 这件衣服不太好，越_____越_____。

九、表达练习

在你们的文化中有和课文差不多的故事吗？有的话，讲给大家听。

副课文

妈妈喜欢吃鱼头

我小的时候，家里很穷，没有钱，一个月难得吃上一次鱼肉。每次吃鱼，妈妈先把鱼头放在自己碗里，把鱼肚子上的肉夹下，很仔细地挑去很少的几根大刺，然后把鱼肉放在我碗里，其余的便是父亲的了。当我也吵着要吃鱼头时，她总是说："妈妈喜欢吃鱼头。"

我想，鱼头一定很好吃。有一次父亲不在家，我在妈妈盛饭的时候，夹了一个，吃来吃去，觉得没有鱼肚子上的肉好吃。

30岁时，我的女儿出生了。很快女儿也能自己吃饭了。有一次吃中饭，妻子夹了一块鱼肚子上的肉，挑去大刺，把鱼肉放在女儿的碗里，自己却夹起了鱼头。女儿见了，也吵着要吃鱼头。妻子说："好孩子，妈妈喜欢吃鱼头。"

谁知女儿说什么也不答应，非要吃不可。妻子没有办法，好不容易从鱼头上找出一点儿没刺的肉来，可女儿吃了马上就吐出来，说不好吃，从此再也不要吃鱼头了。

从那以后，每次吃鱼，妻子便把鱼肚子上的肉夹给女儿。女儿总是把鱼头放进妈妈的碗里，很孝顺地说："妈妈，您吃鱼头。"

从此，我明白了一个道理：女人做了母亲，便喜欢吃鱼头了。

（改编自《散文》1991 年第五期，作者：陈运松）

生词

1. 穷	qióng	［形］	poor
2. 鱼肉	yúròu	［名］	fish
3. 盛饭	chéng fàn		pick up with a utensil
4. 刺	cì	［名］	sting
5. 吐	tǔ	［动］	to spit

回答问题

1. 每次吃鱼，妈妈把鱼的哪一部分给我吃？

2. "从此，我明白了一个道理：女人做了母亲，便喜欢吃鱼头了"这句话是什么意思？

3. 你觉得老人最需要的是什么？为什么？

生词总表

专　　名

声　明

对于本教材所使用的受著作权法保护的材料，尽管本社已经尽了合理的努力去获得使用许可，但由于缺少某些著作权人的联系方式，仍有个别材料未能获得著作权人的许可。为满足课堂教学之急需，我们在个别材料未获得许可的情况下出版了本教材，并按照国家相关标准将稿酬先行列支。我们对此深表歉意，并请各位著作权人在看到本教材及本声明后尽快与我们联系，我们将立即奉上稿酬及样书。

联系人：宋立文
地　址：北京市海淀区成府路 205 号北京大学出版社 205 室
邮　编：100871
电　话：010 – 62753374

北京大学出版社
2008 年 6 月